AF493225

CONGRÉGATION
POUR LES INSTITUTS DE VIE CONSACRÉE
ET LES SOCIÉTÉS DE VIE APOSTOLIQUE

À *vin nouveau outres neuves*

Depuis le Concile Vatican II
la vie consacrée et les défis encore ouverts

ORIENTATIONS

LIBRERIA
EDITRICE
VATICANA

Prémière édition 2017
Édition print on demand 2021

En couverture:

Paul Veronese, *Les noces de Cana* (1563), détail
Musée du Louvre, Paris

© Copyright 2017 – Libreria Editrice Vaticana
00120 Città del Vaticano
Tel. +39.06.698.45780
E-mail: commerciale.lev@spc.va
www.libreriaeditricevaticana.va
www.vatican.va

ISBN 978-88-266-0493-0

*Personne ne met
du vin nouveau dans de vieilles outres;
car alors, le vin fera éclater les outres,
et l'on perd à la fois le vin et les outres.
À vin nouveau, outres neuves.*

(Mc 2, 22)

INTRODUCTION

La Congrégation pour les Instituts de vie consacrée et les Sociétés de vie apostolique a célébré, du 27 au 30 novembre 2014, l'Assemblée plénière du Dicastère sur le thème : « *Le vin nouveau dans des outres neuves*. La vie consacrée 50 ans après *Lumen gentium* et *Perfectae caritatis*», qui a attiré l'attention sur le chemin effectué par la vie consacrée dans la période post-conciliaire, cherchant à y lire, en synthèse, les défis restés encore ouverts.

Ces *Orientations* sont le fruit de ce qui a émergé dans cette Assemblée plénière et dans la réflexion qui en a résulté, élaborée par la suite dans les nombreuses rencontres qui ont vu converger à Rome, auprès du Siège de Pierre, pendant l'Année de la vie consacrée, des hommes et des femmes consacrés, venant de tous les coins du monde.

À partir du Concile Vatican II, le Magistère de l'Église a continuellement accompagné la vie des personnes consacrées. En particulier, ce Dicastère a offert les grandes coordonnées de référence et de valeur: les Instructions *Potissimum institutioni* (1990), *La vie fraternelle en communauté* (1994), *Repartir du Christ* (2002), *Le service de l'autorité et l'obéissance. Faciem tuam* (2008) et *Identité et mission du frère religieux dans l'Église* (2015).

Les présentes *Orientations* se situent dans la ligne d'un exercice de *discernement évangélique,* dans lequel on cherche à reconnaître – à la lumière de l'Esprit – cet « appel » que Dieu fait résonner dans la situation historique même: «Aussi, en elle et par elle, Dieu appelle »[1] les hommes et les femmes consacrés de notre temps, parce que « nous sommes tous invités à accepter cet appel: sortir de son propre confort et avoir le courage de rejoindre toutes les périphéries qui ont besoin de la lumière de l'Évangile »[2].

C'est un exercice de discernement ecclésial à travers lequel les hommes et les femmes consacrés sont appelés à entreprendre de nouveaux passages afin que les idéaux et la doctrine prennent chair dans la vie: systèmes, structures, diaconies, styles, relations et langages. Le pape François souligne la nécessité de cette vérification: «La réalité est supérieure à l'idée. [...] La réalité est, tout simplement; l'idée s'élabore. Entre les deux, il faut instau-

---

[1] FRANÇOIS, Ex. ap. *Evangelii gaudium* (24 novembre 2013), 154.

[2] *Ibid.,* 20.

rer un dialogue permanent, en évitant que l'idée finisse par être séparée de la réalité. Il est dangereux de vivre dans le règne de la seule parole, de l'image, du sophisme » [3].

Il peut arriver, même dans l'ample et riche processus d'adaptation et de rénovation réalisé dans la période post-conciliaire, que la vie consacrée se trouve face à des défis encore ouverts qui doivent être affrontés « avec détermination et avec clairvoyance » [4].

Dans la perspective d'un exercice de discernement, ces *Orientations* veulent lire des pratiques inadéquates, indiquer des processus bloqués, poser des questions concrètes, demander raison des structures de relation, de gouvernement, de formation sur le soutien réel apporté à la forme évangélique de vie des personnes consacrées.

Des *Orientations* pour sonder avec parrhésie les outres adaptées à conserver les vins nouveaux que l'Esprit continue de donner à son Église, exhortant à initier des changements par des actions concrètes à court et à long terme.

[3] *Ibid.*, 231.
[4] *Ibid.*, 58.

I.

À VIN NOUVEAU, OUTRES NEUVES

Le *logion* de Jésus

1. Une parole du Seigneur Jésus peut éclairer le chemin de la vie consacrée face aux défis de notre temps et dans l'esprit du renouveau voulu par le Concile Vatican II : *du vin nouveau dans des outres neuves* (*Mc* 2,22). Cette phrase sapientielle du Seigneur est attestée dans tous les synoptiques qui la rapportent dans le contexte de la phase initiale de l'activité publique de Jésus. L'évangéliste Marc la situe juste au cœur des premières critiques provocatrices des pharisiens de Capharnaüm devant la liberté et l'autonomie de l'agir de Jésus (*Mc* 2,18-22). Matthieu repousse un peu plus loin la reprise de ce *logion,* comme pour sceller la dimension prophétique de la centralité de la miséricorde dans ses paroles et dans ses gestes (*Mt* 9,16-17). Luc met cette provocation dans un contexte encore plus précis, en soulignant l'impossibilité de dialoguer avec les vieilles mentalités (*Lc* 5,36-39). Cet évangéliste relève que le morceau de tissu est arraché *à un vêtement neuf* raffiné (pour Matthieu, en revanche, c'est une étoffe *brute*) pour le coudre sur le *vieux*. Cette opération maladroite provoque une double ruine (*Lc* 5, 36) et il ajoute encore une autre phrase révélatrice : *Jamais celui qui a bu du vin vieux ne désire du nouveau. Car il dit : "C'est le vieux qui est bon"* (*Lc* 5, 39).

Pour les trois évangélistes synoptiques, il est important de souligner la nouveauté du style avec lequel le Seigneur Jésus, en révélant au monde le visage miséricordieux du Père, se situe à une distance critique par rapport au simple maintien des schémas religieux habituels. Pardonner les péchés et accueillir toutes les personnes dans leur mystère de souffrance et même d'errance, est une nouveauté radicale. Cette nouveauté déstabilise ceux qui sont habitués à la simple répétition d'un schéma dans lequel tout est déjà prévu et cadré. Une telle attitude non seulement met dans l'embarras, mais devient d'emblée un motif de refus. Le style avec lequel Jésus annonce le Royaume de Dieu se fonde sur la *loi de la liberté* (cf. *Jc* 2, 12) qui permet une manière nouvelle d'entrer en relation avec les personnes et avec les situations concrètes. Ce style a toute la couleur et la saveur d'un *vin nouveau* qui risque toutefois de faire éclater les *vieilles outres*. L'image révèle clairement la nécessité pour les formes institutionnelles, religieuses et symboliques, de gagner toujours en *souplesse*. Sans la nécessaire souplesse, aucune forme institutionnelle, aussi vénérable soit-elle, n'est en mesure de supporter les tensions de la vie ni ne peut répondre aux appels de l'histoire.

2. La comparaison employée par le Seigneur Jésus est aussi simple qu'exigeante. L'outre à laquelle se réfère la petite parabole est un récipient fait de peaux souples qui sont encore capables de se dilater pour favoriser la respiration du vin nouveau en ébullition continuelle. Si elle était, en revanche, sèche et rigide à cause de l'usure du temps, l'outre n'aurait plus la souplesse nécessaire pour supporter la pression vive du vin nouveau. Ainsi elle ne pourrait qu'éclater en faisant perdre et le vin et l'outre. L'évangéliste Jean utilisera la même métaphore du *bon vin* (*Jn* 2,10) servi aux noces de Cana pour indiquer la nouveauté prophétique de l'annonce joyeuse et pétillante de l'Évangile. Le *bon vin* et le *vin nouveau* deviennent ainsi le symbole de l'agir et de l'enseignement de Jésus qui ne peut être contenu dans les vieilles outres de schémas religieux séculaires incapables de s'ouvrir à de nouvelles promesses. Quand l'évangéliste Luc parle du vieux vin qui est *bon* (*chrestòs*), il se réfère certainement à l'attachement des pharisiens et des chefs du peuple aux formes standardisées et rigides du passé. Mais ce n'est peut-être pas tout. Les chrétiens eux-mêmes de la seconde génération doivent se confronter à la tendance à ne pas s'ouvrir totalement à la nouveauté de l'Évangile. Le risque de céder à la tentation de retourner au vieux style d'un monde fermé sur ses certitudes et ses habitudes rôde toujours. D'emblée, est déjà présente, dans l'histoire de l'Église, la tentation de s'ajuster tactiquement pour éviter les défis continuels de la conversion du cœur.

La parole du Seigneur Jésus nous aide à saisir le défi d'une nouveauté qui exige non seulement un accueil mais aussi un discernement. Il est nécessaire de créer des structures qui soient vraiment aptes à conserver la richesse innovatrice de l'Évangile pour qu'elle soit vécue et mise au service de tous en en préservant la qualité et la bonté. Il faut laisser fermenter le *vin nouveau*, quasi respirer dans l'outre, pour qu'il puisse arriver suffisamment à maturation et être enfin goûté et partagé. Cela vaut aussi pour l'image du vêtement et du rapiéçage : on ne peut déchirer un morceau de tissu d'un vêtement neuf pour rapiécer un vêtement déjà usé. En faisant ainsi, on crée une tension qui effiloche le vieux de sorte que la nouvelle pièce, en réalité, ne sert à rien.

3. Le message de l'Évangile ne peut se réduire à quelque chose de purement sociologique. Il s'agit, en revanche, d'une orientation spirituelle qui demeure toujours nouvelle. Elle requiert une ouverture mentale pour imaginer des modalités de *sequela*, prophétique et charismatique, vécue dans des schémas adaptés et peut-être inédits. Toute une série de diaconies innovatrices, qui sont vécues en dehors des schémas déjà éprouvés du passé, doivent nécessairement trouver aussi un accueil dans des structures institutionnelles nouvelles. Ces structures doivent être réellement à la hauteur des attentes et des défis. Un renouvellement incapable de toucher et de changer les structures aussi bien que le cœur, ne conduit pas à un changement réel et durable. Il faut toujours garder à l'esprit le fait qu'un simple forçage, aussi généreux soit-il, peut mener au rejet. Le rejet comporte la perte de cette effervescence d'une nouveauté incontournable qui demande à être non seulement reconnue mais vécue jusqu'au bout et certainement pas simplement supportée ou subie.

Si nous appliquons ce critère évangélique à ce qui a été vécu à l'intérieur de l'Église dans ce moment de grâce que fut le Concile Vatican II, nous pouvons vraiment parler de *vin nouveau*. Sous la conduite de l'Esprit-Saint, l'Église, vigne du Seigneur, a été capable de vivre une vendange spirituelle renouvelée avec l'apport et la générosité de tous. Nous avons tous pu nous réjouir devant des expériences vivantes de renouveau qui se sont exprimées dans de nouveaux parcours catéchétiques, des modèles de sainteté et de vie fraternelle renouvelés, des courants théologiques inédits, des formes impensées de solidarité et de diaconie, etc. Une véritable vendange que nous pouvons percevoir, avec des sentiments de gratitude, abondante et joyeuse. Néanmoins tous ces signes de renouveau et ces formes de nouveauté cohabitent – et ceci est normal – avec de vieilles habitudes sacralisées et sclérosées. Il s'agit d'habitudes qui résistent, avec leur rigidité et leur incapacité, à s'adapter réellement à ce renouveau toujours en devenir. De cette cohabitation de styles peuvent naître des conflits, parfois rudes. Des conflit naissent les accusations mutuelles de ne pas être un *vin exquis* (*Ct* 7,10) mais de s'être gâté en *vin capiteux* (*Ps* 75,9). Jusqu'à ceux qui jugent les autres comme des *raisins verts* (cf. *Is* 5,2) parce qu'ils ne sont pas suffisamment fidèles à ce qui est établi et éprouvé depuis toujours. Devant tout cela, il ne faut se laisser ni impressionner, ni, encore moins, décourager. On ne peut mettre au point des structures adéquates pour un réel renouveau sans tenir compte de longs temps de transformation et d'inévitables incidents de parcours. Les changements authentiques et durables ne sont jamais automatiques.

Normalement, ils doivent faire face à toute une série de résistances et même de quelque marche en arrière. Il faut reconnaître que ces résistances ne sont pas toujours de la mauvaise volonté ou de la mauvaise foi. Plus de cinquante ans après la conclusion du Concile Vatican II, il faut prendre acte du fait que se laisser inquiéter et déstabiliser par les incitations vivifiantes de l'Esprit n'est jamais indolore. Cela vaut certainement aussi pour la vie consacrée et ses saisons plus ou moins fécondes en termes de réponse aux signes des temps et aux inspirations de l'Esprit Saint.

Le *renouveau* post-conciliaire

4. Pour regarder en avant et continuer de marcher dans l'esprit du Renouveau voulu par le Concile, un peu d'histoire peut éclairer et confirmer notre chemin à tous. Prendre conscience de ce que nous avons vécu en ce demi-siècle devient encore plus nécessaire si nous voulons accueillir les encouragements qui nous viennent des paroles et des gestes du pape François.

L'*accomodata renovatio* de la vie et de la discipline des instituts de vie consacrée « dans les exigences présentes »[1] a été une demande explicite du Concile Œcuménique Vatican II. Les Pères conciliaires avaient posé les bases théologiques et ecclésiologiques de ce *renouveau*, en particulier dans le chapitre VI de la Constitution dogmatique *Lumen gentium*[2]. Dans le décret *Perfectae caritatis*, ils ont offert des directives plus appropriées et des orientations pratiques pour l'*aggiornamento* spirituel, ecclésial, charismatique et institutionnel de la vie consacrée dans l'Église. Parmi les autres textes conciliaires, seuls la constitution *Sacrosanctum concilium* et le décret *Ad gentes* indiquaient quelques retombées pratiques d'une certaine importance pour la vie religieuse.

Après un demi-siècle, nous pouvons reconnaître avec satisfaction que l'effet sur la vie consacrée de l'esprit conciliaire a été particu-

---

[1] Concile Œcuménique Vatican II, Décret sur le renouveau de la vie religieuse *Perfectae caritatis*, 1.

[2] Cf. Concile Œcuménique Vatican II, Constitution dogmatique sur l'Église *Lumen gentium*, 43-47.

lièrement riche. Le *style* de discernement collectif et d'attention exploratrice a généré des impulsions et des méthodes de grande efficacité dans l'*aggiornamento*. Le premier pas de ce profond changement a concerné la manière même dont la vie consacrée a dû se comprendre à nouveau elle-même. Dans la période préconciliaire, la vie religieuse, dans toutes ses manifestations et structures, représentait la force compacte et opérationnelle pour la vie et la mission d'une Église militante qui se percevait en continuelle opposition vis-à-vis du monde. Dans la nouvelle saison d'ouverture et de dialogue avec le monde, la vie consacrée s'est sentie poussée en première ligne pour explorer, au bénéfice de tout le corps ecclésial, les composantes d'une nouvelle relation Église-monde. C'est là l'un des thèmes d'inspiration et de transformation les plus forts voulus par le Concile Vatican II convoqué par saint Jean XXIII. Dans cette ligne de dialogue et d'accueil, la vie consacrée a, pas toujours mais généralement, embrassé généreusement les risques de cette nouvelle aventure d'ouverture, d'écoute et de service. Pour que puisse réellement se concrétiser un style de relation et de présence au monde contemporain marqué par la confiance, la vie consacrée a mis en jeu ses multiples charismes et son patrimoine spirituel, en s'exposant et en embrassant généreusement de nouveaux parcours.

5. En ces cinquante années qui nous séparent de l'événement conciliaire, nous pouvons prendre acte du fait que tous les instituts de vie consacrée ont engagé leurs meilleures forces pour répondre aux sollicitations de Vatican II. En particulier dans les trois premières décennies après le Concile, l'effort de renouvellement a été généreux et créatif, se poursuivant aussi dans les décennies suivantes bien qu'à un rythme ralenti et avec un dynamisme un peu fatigué. Les textes normatifs et les formes institutionnelles ont été rééélaborés, d'abord en réponse aux encouragements venus du Concile, puis pour se conformer aux dispositions du nouveau *Code de droit canonique* (1983). Un grand effort a été consenti par chaque famille religieuse dans la relecture et dans l'interprétation de l'« inspiration originelle des instituts »[3]. Ce travail avait deux objectifs principaux : garder fidèlement « la pensée des fondateurs et leur projet »[4] et « retrouver avec courage l'esprit en-

---

[3] Concile Œcuménique Vatican II, Décret sur le renouveau de la vie religieuse *Perfectae caritatis*, 2.

[4] *CIC*, c. 578.

treprenant, l'inventivité et la sainteté des fondateurs et des fondatrices, en réponse aux "signes des temps" qui apparaissent dans le monde actuel »[5].

Les résultats du grand effort de réélaboration de l'identité, du style de vie et de la mission ecclésiale qui en découle ont été accompagnés aussi par de courageuses et patientes recherches de nouveaux parcours de formation, appropriés au caractère et au charisme de chaque famille religieuse. Dans le cadre des structures de gouvernement et de la gestion du patrimoine économique et des activités, beaucoup a été fait pour s'adapter aux « conditions physiques et psychiques actuelles des religieux [...] aux besoins de l'apostolat, aux exigences de la culture, aux conditions sociales et économiques »[6].

6. Après ce bref aperçu de l'histoire des cinquante dernières années, nous pouvons reconnaître avec humilité que la vie consacrée s'est efforcée d'habiter les horizons conciliaires avec une passion et une audace exploratrice. Pour tout le chemin parcouru,

[5] JEAN-PAUL II, Ex. ap. *Vita consecrata* (25 mars 1996), 37.

[6] CONCILE ŒCUMÉNIQUE VATICAN II, Décret sur le renouveau de la vie religieuse *Perfectae caritatis*, 3.

nous ne pouvons que rendre grâce à Dieu, et les uns aux autres, d'un cœur sincère et vrai.

Sur ce chemin généreux et laborieux, un grand soutien est venu du magistère suprême des papes de ces décennies. Avec des textes et des interventions de diverses natures, ils ont régulièrement aidé à consolider nos convictions, à discerner les nouveaux parcours, à orienter avec sagesse et sens ecclésial les nouveaux choix de présence et de service, dans une écoute constante des appels de l'Esprit. Il faut considérer l'exceptionnelle valeur théologique, ecclésiale et d'orientation de l'exhortation apostolique post-synodale *Vita consecrata* (1996), où sont accueillis et confirmés les meilleurs fruits de l'*aggiornamento* postconciliaire.

Vita consecrata, en particulier, éclaire la contemplation et la référence au mystère de la Très Sainte Trinité, comme à sa source: « La vie consacrée est une annonce de ce que le Père accomplit par le Fils, dans l'Esprit, par son amour, sa bonté, sa beauté. En effet, "l'état religieux [...] fait voir d'une manière particulière l'élévation du Royaume de Dieu au-dessus de toutes les choses terrestres et ses exigences les plus hautes; il montre aussi à tous les hommes la grandeur suréminente de la puissance du Christ, qui exerce la royauté, et la puissance infinie de l'Esprit Saint qui agit dans l'Église de façon admirable" […] Ainsi la vie consacrée devient-elle l'une des traces perceptibles laissées par la Trinité dans l'histoire, pour que les hommes puissent connaître la fascination et la nostalgie de la beauté divine »[7]. La vie consacrée devient aussi *confessio trinitatis* lorqu'elle relève le défi de la vie fraternelle « en vertu de laquelle les personnes consacrées s'efforcent de vivre dans le Christ avec *un seul cœur et une seule âme* (*Ac* 4,32) »[8]. Dans cette perspective trinitaire, apparaît le grand défi de l'unité et la nécessité de l'œcuménisme priant, témoin et martyre comme voie maîtresse pour les hommes et les femmes consacrés: « La prière du Christ à son Père avant la Passion, pour que les disciples demeurent dans l'unité (cf. *Jn* 17,21-23), se prolonge dans la prière et dans l'action de l'Église. Comment ceux qui sont appelés à la vie consacrée pourraient-ils ne pas se sentir concernés? »[9].

Par un accompagnement laborieux et sage, cette Congrégation a offert, de diverses manières – *instructions, lettres, directives* – et avec une vigilance périodique, des critères

---

[7] JEAN-PAUL II, Ex. ap. post-synodale *Vita consecrata* (25 mars 1996), 20.

[8] *Ibid.*, 21.

[9] *Ibid.*, 100.

d'orientation pour persévérer dans un *aggiornamento* conciliaire authentique et pour rester fidèles, avec un discernement unanime et une audace prophétique, à l'identité et à la fonction ecclésiale de la vie consacrée.

Mais cela ne signifie pas nier les fragilités et les fatigues qui doivent être reconnues et nommées pour que le chemin entrepris non seulement puisse continuer mais également se radicaliser davantage en termes de fidélité et de créativité. De même il est nécessaire de regarder en face, avec réalisme, les nouvelles situations dans lesquelles la vie consacrée est appelée à se mesurer et à s'incarner.

Les nouveaux chemins interpellent

7. La riche multiplicité des *diaconies* exercées par la vie consacrée au cours des dernières décennies a subi un redimensionnement radical à cause de l'évolution sociale, économique, politique, scientifique et technologique. Ainsi que l'intervention de l'État dans de nombreux secteurs historiquement typiques des œuvres des religieux. Tout ceci a changé la manière des religieux d'être en relation avec le contexte dans lequel ils vivent, ainsi que leur manière habituelle de se situer vis-à-vis des autres. Entretemps, des urgences nouvelles et inédites ont fait exploser d'autres exigences jusque là restées sans réponse et qui frappent à la porte de la fidélité créative de la vie consacrée sous toutes ses formes.

Les nouvelles pauvretés interpellent la conscience de nombreux consacrés et sollicitent les charismes historiques à de nouvelles formes de réponse généreuse devant les nouvelles situations et les nouveaux rejetés de l'histoire. D'où la floraison des nouvelles formes de présence et de service dans les multiples périphéries existentielles. Il ne faut pas non plus oublier la prolifération d'initiatives de bénévolat, où sont impliqués laïcs et religieux, hommes et femmes, dans une synergie riche de « nouveaux dynamismes apostoliques » [10] au point de « rendre plus vigoureuse la réponse aux grands défis de notre temps, grâce à l'apport concerté des différents dons » [11]. Une telle symphonie se base sur la redécouverte de la racine baptismale commune qui rapproche tous les disciples du Christ appelés à unir leurs forces et leur imagination pour rendre ce monde plus beau et vivable pour tous.

De nombreuses congrégations, spécialement féminines, ont commencé en mettant

[10] *Ibid.*, 55.
[11] *Ibid.*, 54.

au premier plan les fondations dans les jeunes Églises et sont passées de situations presque uniquement *monoculturelles* au défi du *multiculturalisme*. Dans cet élan, se sont constituées des communautés internationales qui, pour certains instituts, ont représenté la première expérience courageuse de sortie de leurs frontières géographiques et culturelles. Des expériences de diaconie et de présence dans des contextes inconnus ou multireligieux ont été initiées; de nouvelles communautés se sont insérées dans des environnements difficiles, s'exposant souvent au risque de diverses formes de violences. Ces expériences ont apporté de grands changements à l'intérieur des familles religieuses, que ce soit comme *ethos* culturel à partager ou comme modèles d'Église et styles de spiritualité innovateurs. Cet exode a naturellement mis en cause les schémas de formation traditionnels, inadéquats pour les nouvelles vocations et les nouveaux contextes. Tout cela est certainement une grande richesse mais également source de diverses tensions qui sont parfois arrivées jusqu'à la rupture, surtout dans les congrégations ayant moins d'expérience missionnaire.

8. L'évolution contemporaine de la société et des cultures, entrée dans des phases de changements rapides et étendus, imprévi-

sibles et chaotiques, a aussi exposé continuellement la vie consacrée aux défis de s'ajuster.
Ceci comporte et requiert constamment de
nouvelles réponses et s'ajoute à une crise de
vision historique et de profil charismatique.
Le signe de cette crise est une fatigue évidente. Il faut reconnaître que, dans certains
cas, il s'agit proprement d'une incapacité à
passer d'une administration ordinaire (*mana-
gement*) à une direction qui soit à la hauteur
de la nouvelle réalité dans laquelle il faut se
mettre sagement en jeu. Ce n'est pas une
tâche facile de faire le saut d'une simple administration de réalités bien connues à une
direction vers des buts et des idéaux, avec une
conviction qui suscite une véritable confiance. Ceci implique de ne pas se contenter de
mettre au point des stratégies de simple survie mais exige la liberté nécessaire pour lancer des processus, comme ne cesse de le rappeler le pape François. Surtout, un ministère
de direction devient de plus en plus nécessaire, capable de solliciter une réelle synoda-
lité qui alimente un dynamisme de synergie.
C'est seulement dans cette communion d'intentions qu'il sera possible de gérer la transition avec patience, sagesse et clairvoyance.

Avec le temps, certains nœuds sont devenus de plus en plus complexes et paralysants
pour la vie consacrée et ses institutions. La si-

tuation de changement accéléré risque d'embrouiller la vie consacrée, la contraignant à vivre d'urgences et non d'horizons. Parfois, il semble que la vie consacrée soit presque complètement repliée sur la gestion du quotidien ou sur un exercice de simple survie. Cette manière d'affronter la réalité est au détriment d'une vie pleine de sens et capable d'un témoignage prophétique.

La gestion continuelle des urgences toujours plus contraignantes consume plus d'énergie qu'on ne le pense. Malheureusement, le risque est que l'on soit complètement absorbé à endiguer les problèmes plutôt qu'à imaginer des parcours. Dans cet effort fébrile, on a presque l'impression que l'impulsion charismatique du Concile s'est affaiblie. Il semble que le grand engagement au renouveau et à la créativité ait été récemment suivi d'une stagnation sans issue alors que l'on est justement appelé à embrasser généreusement de nouveaux exodes. Dans de nombreux cas, la peur de l'avenir affaiblit et dévitalise ce ministère prophétique – sur lequel insiste le pape François[12] – que la vie consacrée est appelée à exercer dans l'Église pour le bien de toute l'humanité.

---

[12] FRANÇOIS, *Lettre apostolique* à tous les consacrés à l'occasion de l'Année de la vie consacrée (21 novembre 2014).

9. À ce point du chemin, il est salutaire et nécessaire de s'arrêter pour discerner la qualité et le degré de maturation du *vin nouveau* qui a été produit pendant la longue saison du renouveau post-conciliaire. Certaines questions se posent. La première concerne l'harmonie et la cohérence entre les structures, les organismes, les rôles et les styles existant depuis longtemps et ceux qui ont été introduits ces dernières années pour répondre à ce qui a été dicté par le Concile[13]. La seconde pousse à évaluer si les éléments de médiation, qui sont aujourd'hui en exercice dans la vie consacrée, sont adéquats pour accueillir les nouveautés plus évidentes et pour soutenir – dans la métaphore du *vin nouveau* qui fermente et bouillonne – sa nécessaire transition vers la pleine stabilité. Enfin, nous pouvons nous demander si celui que nous goûtons et offrons à boire est vraiment un *vin nouveau,* s'il a du corps et s'il est sain. Ou s'il s'agit, en dépit de toutes les bonnes intentions et des efforts louables, d'un vin coupé d'eau pour couvrir les conséquences acides d'une vendange mal faite et de vignes mal émondées?

On peut se poser ces questions avec simplicité et *parrhésie,* sans céder à des sentiments

[13] Cf. Concile Œcuménique Vatican II, Décret sur le renouveau de la vie religieuse *Perfectae caritatis*, 2-4.

de culpabilité qui risquent de bloquer encore davantage. Nous pouvons prendre un peu de temps pour regarder ensemble ce qui se produit dans les *outres* de notre vie consacrée. Il s'agit de faire le point sur la qualité du *vin nouveau* et du *bon vin* et non de se culpabiliser ou d'accuser. Ce vin, dont nous sommes les gardiens aimants, nous sommes appelés à le servir pour la joie de tous et, d'une manière toute particulière, pour les plus pauvres et les plus petits.

Nous ne devons pas avoir peur de reconnaître honnêtement que, malgré toute une série de changements, le vieux schéma institutionnel peine à céder le pas à des modèles nouveaux avec détermination. Toute la constellation de langages et de modèles, de valeurs et de devoirs, de spiritualités et d'identités ecclésiales auxquels nous sommes habitués n'a peut-être pas encore laissé place à la réception et à la stabilisation du nouveau paradigme né de l'inspiration et de la pratique post-conciliaires. Nous vivons une phase de réélaboration nécessaire et patiente de tout ce qui constitue le patrimoine et l'identité de la vie consacrée dans l'Église et devant l'histoire. De même, nous devons indiquer et lire cette résistance tenace, restée longtemps sous couvert et dont la réapparition explicite dans de nombreux contextes est une réponse possible à un sentiment de frustration à peine voilé. Dans certaines réalités de la vie consacrée, parfois même importantes du point de vue numérique et des moyens à disposition, on est incapable d'accueillir les signes du nouveau : habitué au goût du vin *vieux* et rassuré par des modalités déjà expérimentées, on n'est réellement disponible qu'à des changements sans importance en substance.

10. Après avoir présenté et partagé l'état dans lequel se trouve la vie consacrée au moment actuel, nous voulons présenter quelques incohérences et résistances. Ce type de partage veut être offert avec vérité et loyauté. Nous ne pouvons plus renvoyer la tâche de comprendre ensemble où est le nœud à défaire pour sortir des paralysies et surmonter la peur devant l'avenir. En plus de chercher à nommer ce qui bloque ce dynamisme de croissance et de renouveau, propre à la prophétie de la vie consacrée, il nous semble opportun de donner quelques orientations pour ne pas rester emprisonnés par la peur ou la paresse. En ce sens, nous chercherons à offrir quelques suggestions à propos de parcours de formation, les avertissements juridiques nécessaires pour avancer, quelques conseils sur le ministère de l'autorité pour qu'il soit au service d'un style de vie fraternelle dans une réelle communion. En outre, il nous semble nécessaire d'être particulièrement attentifs à deux autres domaines sensibles pour la vie consacrée: la formation et la communion des biens.

Comme fondement de tout chemin, il nous semble important de souligner le besoin d'un nouvel élan de sainteté pour les hommes et femmes consacrés, impensable sans un sursaut de passion renouvelée pour l'Évangile au service du Royaume. L'Esprit du Ressuscité, qui continue de parler à l'Église par ses inspirations, nous pousse sur ce chemin.

Le pape François nous confirme sur ce parcours: «À vin nouveau, outres neuves. La nouveauté de l'Évangile. Que nous apporte l'Évangile? Joie et nouveauté. À la nouveauté, nouveauté; à vin nouveau, outres neuves. Et ne pas avoir peur de changer les choses selon la loi de l'Évangile. Et pour cela, l'Église nous demande, à nous tous, quelques changements. Elle nous demande de laisser de côté les structures caduques: elles ne servent à rien! Et prendre des outres neuves, celles de l'Évangile. L'Évangile est nouveauté! L'Évangile est fête! Et on ne peut pleinement vivre l'Évangile que dans un cœur joyeux et dans un cœur renouvelé.

Place à la loi des béatitudes, à la joie et à la liberté que la nouveauté de l'Évangile nous apporte. Que le Seigneur nous donne la grâce de ne pas rester prisonniers, mais qu'il nous donne la grâce de la joie et de la liberté qui nous apporte la nouveauté de l'Évangile » [14].

<hr>

[14] FRANÇOIS, *Méditation du matin* dans la chapelle de la *Maison Sainte Marthe*, Rome (5 septembre 2014).

II.

DÉFIS ENCORE OUVERTS

11. Ce que dit Jésus de la résistance au changement – parce que *le vieux est bon* (cf. *Lc* 5, 39) – est un phénomène que nous rencontrons dans tous les fonctionnements humains et les systèmes culturels. Comme l'enseigne l'Évangile avec la parabole du bon grain et de l'ivraie (*Mt* 13, 25-30) et celle du filet plein de poissons *bons et mauvais* (*Mt* 13, 47-48), souvent les œuvres bonnes sont mélangées à d'autres moins bonnes. Si cela ne doit pas nous étonner, en même temps cela doit nous garder continuellement vigilants pour reconnaître les limites et les fragilités qui empêchent les processus nécessaires à un témoignage authentique et crédible.

Tout système stabilisé tend à résister au changement et s'emploie à maintenir sa position, parfois en occultant les incohérences, en acceptant de rendre opaques le vieux et le nouveau, en niant la réalité et les frictions au nom d'une concorde fictive ou en allant jusqu'à dissimuler ses propres finalités par des ajustements de surface. Malheureusement, les exemples ne manquent pas où l'on rencontre une adhésion purement formelle sans la nécessaire conversion du cœur.

Vocation et identité

12. Avec un sain réalisme, nous devons relever, en premier, la permanence d'un nombre élevé d'abandons de la vie religieuse. Il est important de mettre en lumière les causes principales de ces abandons, survenus après les passages principaux du chemin de formation (profession, ordination) comme à un âge avancé. Un tel phénomène se présente désormais dans tous les contextes culturels et géographiques.

Il faut dire clairement qu'il ne s'agit pas toujours et seulement de crises affectives. Souvent, ces crises affectives sont le fruit d'une lointaine déception d'une vie de communauté sans authenticité. L'écart entre ce qui est proposé au niveau des valeurs et ce qui est vécu concrètement peut conduire jusqu'à une crise de la foi. Le nombre excessif d'activités pressantes et exagérément urgentes risque de ne pas permettre une vie spirituelle solide et capable de nourrir et de soutenir le désir de fidélité. Dans certains cas, l'isolement des plus jeunes dans des communautés composées surtout de personnes âgées, qui ont des difficultés à entrer dans un style de spiritualité, de prière et d'activités pastorales requis par la nouvelle évangélisation, risque de miner l'espérance dans une réelle promesse de vie. Cette frustration fait alors envisager l'abandon comme unique voie de sortie pour ne pas succomber.

Les recherches sociologiques ont montré qu'il ne manque pas chez les jeunes d'aspirations à des valeurs authentiques pour lesquelles ils sont prêts à s'engager sérieusement. On rencontre chez les jeunes une disponibilité à la transcendance, une capacité de se passionner pour des causes de solidarité, de justice et de liberté. La vie religieuse, avec ses styles standardisés – trop souvent hors de tout contexte culturel – et le souci peut-être excessif pour la gestion des œuvres, risque de ne pas saisir le désir plus profond des jeunes. Cela crée un vide qui rend toujours plus difficile le renouvellement générationnel et trop pénible le nécessaire dialogue intergénérationnel.

Nous devons pour cela nous interroger sérieusement sur le système de formation. Certes, ces dernières années, nous avons apporté des changements, y compris positifs et dans la bonne direction. Mais cela s'est fait de manière discontinue et sans parvenir à modifier les structures essentielles et porteuses de la formation. Il semble que, malgré tous les efforts et l'engagement consentis dans la formation, on ne parvient pas à toucher le cœur des personnes et à le transformer réellement. On a l'impression que la formation est plus informative que performative. Le résultat est la permanence d'une fragilité des personnes, que ce soit dans leurs convictions existentielles ou dans leur parcours de foi. Cela conduit à une aptitude psychologique et spirituelle minimale, avec pour conséquence une incapacité à vivre sa mission avec générosité et de manière courageuse en ce qui concerne le dialogue avec la culture et l'insertion sociale et ecclésiale.

13. La récente évolution de nombreux instituts a rendu plus aigu le problème de l'intégration entre cultures différentes. Pour certains instituts, se profile désormais une situation de gestion difficile : d'un côté, des dizaines de membres âgés, liés aux traditions culturelles et institutionnelles classiques et parfois installées et, de l'autre, un groupe nombreux de membres jeunes – provenant de différentes cultures – qui frémissent, se sentent marginalisés et n'acceptent plus les rôles subalternes. Le désir de prendre en main la responsabilité pour sortir d'une situation de soumission, pourrait entraîner certains groupes à des formes de pression dans les sièges décisionnels. De là émergent des expériences de souffrance et de marginalisation, d'incompréhension et d'excès qui risquent de mettre en cause le processus incontournable d'inculturation de l'Évangile.

Cette difficulté d'inculturation révèle plus profondément la distance croissante entre un mode classique de penser à la vie consacrée et à ses formes standardisées et la manière différente dont elle est perçue et désirée dans des contextes ecclésiaux et culturels émergents. Il faut prendre acte d'un processus de désoccidentalisation, ou de dé-européisation de la vie consacrée qui semble aller de pair avec un processus massif de mondialisation. Il devient toujours plus clair que le plus important n'est pas la conservation des formes, mais la disponibilité à repenser, dans une continuité créative, la vie consacrée en tant que mémoire évangélique d'un état permanent de conversion d'où jaillissent des intuitions et des choix concrets.

Choix de formation

14. Dans ce domaine, les Instituts ont accompli des efforts remarquables, aidés en cela par les initiatives des différentes Confé-

rences de Supérieurs majeurs (nationales et internationales). En dépit de tout ce travail, on constate encore une faible intégration entre vision théologique et vision anthropologique dans la conception de la formation, du modèle de formation et de la pédagogie éducative. Ce n'est pas simplement une question théorique, parce que ce manque d'intégration ne permet pas de faire interagir et dialoguer entre elles les deux composantes essentielles et indispensables d'un chemin de croissance: la dimension spirituelle et la dimension humaine. On ne peut plus penser que ces deux dimensions procèdent de façon autonome sans être traitées dans une harmonieuse complémentarité.

Se soucier d'une croissance harmonieuse des dimensions à la fois spirituelle et humaine comporte une attention à l'anthropologie spécifique des différentes cultures et à la sensibilité des nouvelles générations, en se référant particulièrement aux nouveaux contextes de vie. Seule une nouvelle compréhension profonde de la symbolique qui touche vraiment le cœur des nouvelles générations peut éviter le danger de se contenter d'une adhésion uniquement superficielle, de tendance et même de mode, où la recherche de signes extérieurs semble donner la sécurité d'une identité. La nécessité d'un discernement des motivations vocationnelles, avec une attention particulière aux différentes zones culturelles et continentales, devient urgente [1].

15. Bien que tous les instituts se soient dotés, ces dernières années, de leur propre *Ratio formationis*, les applications du parcours de formation restent souvent improvisées et minimisées. Ceci se produit en particulier dans les instituts féminins, où les urgences des œuvres prévalent trop souvent sur un chemin de formation fécond, systématique et organisé. La pression des œuvres et des engagements de plus en plus lourds pour la gestion de la vie courante des communautés risque de créer une régression dommageable par rapport aux chemins parcourus immédiatement après le Concile.

Dans cette perspective, il faudrait éviter une fréquence discontinue à des cours de théologie comme une fréquence exclusive à des cours professionnels diplômants, en sauvegardant les équilibres de la formation à la vie consacrée. En effet, l'un des risques est

---

[1] Cf. CONGRÉGATION POUR LES INSTITUTS DE VIE CONSACREE ET LES SOCIETES DE VIE APOSTOLIQUE, *Repartir du Christ. Un engagement renouvelé de la vie consacrée au troisième millénaire* (19 mai 2002), 19.

que chacun se construise un monde à part dont les accès sont jalousement fermés à une quelconque demande de partage. Ainsi, dans un proche avenir, nous ne devrions pas avoir des jeunes consacrés seulement dotés de titres académiques mais aussi formés, en s'identifiant avec ses valeurs, à la vie de la *sequela Christi*.

16. Certains instituts manquent de sujets adéquatement préparés à la tâche de formation. C'est une carence assez répandue, en particulier dans les petits Instituts qui ont étendu leur présence sur d'autres continents. Il faut garder continuellement à l'esprit le fait que la formation ne peut s'improviser mais qu'elle exige une préparation longue et continuelle. Sans une solide formation des formateurs, il ne serait pas possible d'avoir un accompagnement réel et prometteur des plus jeunes de la part de frères et sœurs vraiment préparés et fiables pour ce ministère. Pour qu'une formation soit efficace, il est nécessaire qu'elle soit basée sur une pédagogie étroitement personnelle et qu'elle ne se limite pas à une proposition égale pour tous de valeurs, de spiritualités, de temps, de styles et de modes. Nous sommes face au défi d'une personnalisation de la formation où l'on se réapproprie le modèle initiatique. L'initiation exige le contact du maître avec le disciple, un cheminement côte à côte, dans la confiance et dans l'espérance.

Dans ce contexte, on réaffirme la nécessité de prêter une grande attention au choix des formateurs et des formatrices. Ils ont pour mission principale de transmettre aux personnes qui leur sont confiées « la beauté de la *sequela Christi* et la valeur du charisme par lequel elle se réalise »[2]. On requiert d'elles principalement qu'elles soient « des personnes confirmées sur le chemin de la recherche de Dieu »[3].

Trop souvent, les jeunes sont impliqués prématurément dans la gestion des activités de manière si pesante et pressante que cela rend très difficile la poursuite d'une formation sérieuse. Celle-ci ne peut être confiée uniquement à la personne chargée directement de la formation des plus jeunes, comme si c'était son problème à elle, mais elle exige la collaboration et la présence harmonieuse et adéquate de toute la communauté, lieu où est permise « l'initiation à l'effort et à la joie de la vie commune »[4]. C'est dans la fraternité

[2] JEAN-PAUL II, Ex. ap. post-synodale *Vita consecrata* (25 mars 1996), 66.

[3] *Idem.*

[4] *Ibid.*, 67.

que l'on apprend à accueillir les autres comme un don de Dieu, en acceptant leurs caractéristiques positives et en même temps leurs différences et leurs limites. C'est dans la fraternité que l'on apprend à partager les dons reçus pour l'édification de tous. C'est dans la fraternité que l'on apprend la dimension missionnaire de la consécration [5].

En ce qui concerne la formation continue, il y a un risque que l'on en parle beaucoup mais que l'on en fasse peu. Il ne suffit pas d'organiser des cours d'information théorique de théologie et de traiter des thèmes de spiritualité, il est urgent de mettre au point une culture de la formation permanente. Devraient faire partie de cette culture non seulement l'énonciation de concepts théoriques mais aussi la capacité de révision et de vérification du vécu concret dans les communautés. En outre, il ne faudrait pas confondre la formation permanente, comme occasion de réflexion et de révision, avec une sorte de tourisme religieux qui se contente de revisiter les lieux d'origine de l'Institut. On rencontre aussi le risque de reléguer les occasions de formation à des occasions spéciales (commémorations de souvenirs de l'Institut,

[5] Cf. *Idem.*

célébrations pour les vingt-cinq ans ou les cinquante ans de profession), comme s'il n'y avait pas une exigence intrinsèque au dynamisme de la fidélité dans les différentes saisons de la vie[6].

Il devient de plus en plus important d'inclure dans la formation continue une sérieuse initiation au gouvernement. Cette tâche si fondamentale dans la vie des communautés est parfois confiée à l'improviste et mise en œuvre de manière impropre et insuffisante.

Relation dans l'*humanum*

Réciprocité homme-femme

17. Nous sommes héritiers, dans les modèles de vie, dans les structures d'organisation et de gouvernement, dans les langages et dans l'imaginaire collectif, d'une mentalité qui mettait en avant de profondes différences entre l'homme et la femme, au détriment de leur égale dignité. Dans l'Église aussi, et pas seulement dans la société, de multiples préjugés unilatéraux empêchaient de reconnaître les qualités du véritable *génie féminin*[7] et la

[6] Cf. *Ibid.*, 70-71.
[7] Cf. *Ibid.*, 58.

contribution originale des femmes. Ce type de sous-évaluation a touché particulièrement les femmes consacrées, tenues en marge de la vie, de la pastorale et de la mission de l'Église[8]. Le renouveau post-conciliaire a vu émerger et se diffuser une valorisation croissante du rôle de la femme. Le XXème siècle a été appelé le « siècle de la femme », surtout en raison du réveil de la conscience féminine dans la culture moderne, reconnu il y a cinquante ans par Jean XXIII comme l'un des « signes des temps »[9] les plus évidents.

Malgré cela, pendant encore longtemps, il y a eu une attitude de résistance dans la communauté ecclésiale et parfois aussi parmi les femmes consacrées elles-mêmes, à l'égard de cette nouvelle sensibilité. Une impulsion particulière a été donnée récemment par le magistère même qui a encouragé les femmes à cette prise de conscience de leur dignité. Il faut reconnaître en particulier le mérite des pontifes Paul VI, Jean-Paul II et Benoît XVI qui ont offert un magistère précieux sur ce thème. Aujourd'hui, de nombreuses femmes consacrées offrent une pensée positive qui

[8] Cf. *Ibid.*, 57

[9] Jean XXIII, Let. enc. *Pacem in terris* sur la paix entre toutes les nations (11 avril 1963), 22.

aide le processus de croissance d'une vision biblique de l'*humanum* vis-à-vis d'une société marquée par des stéréotypes machistes dans les schémas mentaux et dans l'organisation socio-politico-religieuse. Les femmes consacrées accompagnent avec solidarité la souffrance des femmes qui, dans divers contextes mondiaux, subissent injustices et marginalisation. Certaines d'entre elles apportent une contribution précieuse en relisant la révélation biblique avec des yeux de femme, pour découvrir de nouveaux horizons et de nouveaux styles, pour vivre avec créativité le « charisme de la féminité » [10]. Le but de ce travail de l'intelligence, éclairée par la foi et par la passion ecclésiale, est de promouvoir des relations de fraternité et de "sororité" entre hommes et femmes consacrés à l'intérieur de l'Église, pour devenir un modèle de durabilité anthropologique.

18. Malgré le chemin parcouru, il faut reconnaître que l'on n'a pas encore atteint une synthèse équilibrée et une purification des schémas et des modèles hérités du passé. Des obstacles persistent encore dans les structures et il reste pas mal de méfiance quand se

---

[10] JEAN-PAUL II, Let. ap. *Mulieris dignitatem* (15 août 1988), 66.

présente une occasion de donner aux femmes « des espaces de participation dans divers secteurs et à tous les niveaux, y compris dans les processus d'élaboration des décisions, surtout pour ce qui les concerne »[11], dans l'Église et dans la gestion concrète de la vie consacrée. Les jeunes vocations qui apparaissent portent en elles une conscience féminine naturellement prononcée. Malheureusement, elle n'est pas toujours reconnue et accueillie comme une valeur. Les critiques à travers lesquelles se manifeste une certaine désapprobation viennent non seulement des autres femmes consacrées mais aussi de certains hommes d'Église qui continuent de penser avec des schémas machistes et cléricaux. Nous sommes loin du message de libération reçu du Christ, que l'Église « a la mission prophétique de [...] répandre, en encourageant des états d'esprit et des conduites conformes aux intentions du Seigneur »[12]. Comme le répétait saint Jean-Paul II, et comme le répète souvent aussi le pape François, « il est légitime que la femme consacrée aspire à voir reconnaître plus clairement son identité, sa compétence, sa mission et sa res-

---

[11] JEAN-PAUL II, Ex. ap. post-synodale *Vita consecrata* (25 mars 1996), 58.

[12] *Ibid.*, 57.

ponsabilité, aussi bien dans la conscience ecclésiale que dans la vie quotidienne »[13].

Dans les milieux de vie consacrée, il manque une véritable maturation dans la réciprocité entre homme et femme : une pédagogie adéquate pour les jeunes est urgente, pour atteindre un sain équilibre entre identité et altérité ; ainsi qu'une aide adéquate pour les plus âgés afin de les aider à reconnaître l'aspect positif d'une réciprocité respectueuse et sereine. Nous pouvons parler de dissonance cognitive entre les religieux âgés et les jeunes. Pour les uns, les relations avec le féminin et le masculin sont caractérisées par beaucoup de réserve, voire de phobie, pour les autres par l'ouverture, la spontanéité et le naturel.

Un autre aspect à relever est la faiblesse que l'on rencontre *ad intra* des Instituts, par rapport à ce processus anthropologico-culturel de véritable intégration et de complémentarité réciproque avec l'élément et la sensibilité féminins et masculins. Saint Jean-Paul II a reconnu comme légitime le désir des consacrées d'avoir « des espaces de participation dans différents secteurs et à tous les niveaux »[14], mais de fait, dans la pratique, nous en sommes encore loin. Et on

---

[13] *Idem.*
[14] *Ibid.*, 58.

court le risque d'appauvrir gravement l'Église elle-même, comme l'a dit le pape François : « Ne réduisons pas l'engagement des femmes dans l'Église, mais promouvons leur rôle actif dans la communauté ecclésiale. Si l'Église perd les femmes, dans sa dimension totale et réelle, elle risque la stérilité »[15].

Service de l'autorité

19. Le service de l'autorité ne reste pas étranger à la crise actuelle dans la vie consacrée. Une première lecture de certaines situations révèle la tendance à une centralisation verticale dans l'exercice de l'autorité, que ce soit au niveau local ou dans les sphères plus hautes, outrepassant ainsi la nécessaire subsidiarité. Dans certains cas, l'insistance de quelques supérieurs, convaincus de répondre (de manière autonome) à leur conscience, sur le caractère personnel de leur autorité au point de rendre quasiment vaine la collaboration des Conseils, pourrait être suspecte. D'où une coresponsabilité faible ou inefficace dans la pratique du gouvernement ou, selon le cas, l'absence de délégations opportunes. Le gouvernement ne peut certes pas

---

[15] FRANÇOIS, *Discours* à l'occasion de la rencontre avec l'épiscopat brésilien, Rio de Janeiro (27 juillet 2013).

se concentrer dans les mains d'un seul, contournant ainsi les interdictions canoniques [16]. Il y a encore dans certains instituts des supérieurs et des supérieures qui ne tiennent pas compte des décisions capitulaires.

Dans de nombreux cas, on confond les niveaux général, provincial et local, parce que l'autonomie qui correspond à la subsidiarité propre à chaque niveau n'est pas garantie. De cette façon, on ne favorise pas la coresponsabilité qui admet des espaces de juste autonomie. On observe aussi le phénomène de supérieurs qui ne sont préoccupés que de maintenir ce *status quo*, ce "on a toujours fait comme cela". L'invitation du pape François «à être audacieux et créatifs [...] à repenser les objectifs, les structures, le style et les méthodes» [17] vaut également pour les organismes et la pratique du gouvernement.

20. Devant de graves questions, ce n'est certainement pas une pratique sage de recourir à des majorités préconstituées par l'autorité, en négligeant la force de conviction et la persuasion, l'information correcte et honnête et la clarification des objections. Une pra-

[16] Cf. *CIC*, c. 636.

[17] FRANÇOIS, Ex. ap. *Evangelii gaudium* (24 novembre 2013), 33.

tique du gouvernement réglée sur la logique des coalitions est encore moins acceptable, pire encore si elle est alimentée de préjugés : elle détruit la communion charismatique des instituts et affecte négativement le sentiment d'appartenance. Saint Jean-Paul II n'a pas hésité à rappeler l'antique sagesse de la tradition monastique – « souvent le Seigneur inspire un meilleur avis à un plus jeune » (*Regula Benedicti*, III, 3) – pour un exercice droit et concret de la spiritualité de communion qui encourage et assure la participation effective de tous[18].

Une autorité quelconque, fût-ce le fondateur, ne peut se sentir l'interprète exclusif du charisme ni penser se soustraire aux normes du droit universel de l'Église. Ces comportements peuvent alimenter et manifester de la méfiance dans les autres composantes ecclésiales[19], de la famille religieuse ou de la communauté de référence.

---

[18] Cf. Jean-Paul II, Let. Ap. *Novo Millennio ineunte* (6 janvier 2001), 45 ; Congrégation pour les Instituts de vie consacrée et les Sociétés de vie apostolique, Instruction *Repartir du Christ. Un engagement renouvelé de la vie consacrée au troisième millénaire* (19 mai 2002), 14.

[19] Cf. Congregation pour les Instituts de vie consacrée et les Sociétés de vie apostolique, Instruction *Le service de l'autorité et l'obéissance. Faciem tuam, Domine, requiram* (11 mai 2008), 13f.

Des épisodes et des situations de manipulation de la liberté et de la dignité des personnes n'ont pas manqué ces dernières années – et en particulier dans les instituts de fondation récente. Non seulement en les réduisant à une dépendance totale qui mortifiait la dignité et jusqu'aux droits humains fondamentaux; mais jusqu'à les pousser, par diverses impostures et sous le prétexte de la fidélité aux projets de Dieu à travers le charisme, à une soumission qui touchait aussi la sphère de la moralité et jusqu'à l'intimité sexuelle. Au grand scandale de tous quand les faits viennent à la lumière.

21. Dans le service quotidien de l'autorité, on peut éviter que la personne soit contrainte à demander des autorisations continuelles pour le fonctionnement quotidien normal. Qui exerce le pouvoir ne doit pas encourager des attitudes infantiles qui peuvent mener à des comportements déresponsabilisés. Cette ligne conduira difficilement les personnes à la maturité.

Malheureusement, il faut reconnaître que des situations de ce genre sont plus fréquentes que ce que l'on est disposé à accepter et à dénoncer, et davantage visibles dans les instituts féminins. C'est l'une des raisons qui semble motiver de nombreux abandons. Pour quelques-uns, ils sont l'unique réponse à des situations devenues insupportables.

Toute demande d'abandon devrait être une occasion de s'interroger sérieusement sur les responsabilités de l'ensemble de la communauté et, en particulier, des supérieurs. Il faut dire clairement que l'autoritarisme nuit à la vitalité et à la fidélité des consacrés! Le Code affirme avec beaucoup de courage: «La vie fraternelle propre à chaque Institut [...] doit être réglée de façon à devenir pour tous une aide réciproque pour que chacun réalise sa propre vocation»[20].

Par conséquent, qui exerce son ministère sans la patience de l'écoute et l'accueil de la compréhension se met dans les conditions d'un manque d'autorité à l'égard de ses confrères et consœurs. En effet, «l'autorité du supérieur doit se caractériser par l'esprit du Christ qui n'est pas venu pour être servi mais pour servir»[21]. Une attitude inspirée

[20] *CIC*, c. 602; cf. Concile Œcuménique Vatican II, Décret sur le renouveau de la vie religieuse *Perfectae caritatis*, 15.

[21] Cf. Congregation pour les Instituts de vie consacree et les Societes de vie apostolique, Instruction *Le service de l'autorité et l'obéissance. Faciem tuam, Domine, requiram* (11 mai 2008), 14b.

de Jésus serviteur qui lave les pieds de ses disciples pour qu'ils aient part à sa vie et à son amour[22].

Modèles relationnels

22. En commentant les *outres neuves* dont parlait Jésus dans l'Évangile, il était dit que la substitution des *outres* n'advient pas par automatisme, mais qu'elle exige effort, habileté et disponibilité au changement. Pour que cela se produise, la généreuse disponibilité à renoncer à toute forme de privilège est exigée. Il faut rappeler que personne, à commencer par ceux qui sont constitués dans l'autorité, ne peut se considérer exempt d'une série de renoncements à des schémas parfois dépassés et dommageables. Aucun changement n'est possible sans le renoncement à des schémas obsolètes[23] afin que puissent s'ouvrir de nouveaux horizons et possibilités dans le gouvernement, dans la vie commune, dans la gestion des biens et dans la mission. En aucune manière on ne peut s'attarder dans une attitude qui ressemble davantage à de la mainte-

---

[22] Cf. *Ibid.*, 12.

[23] CONCILE ŒCUMÉNIQUE VATICAN II, Décret sur le renouveau de la vie religieuse *Perfectae caritatis*, 3.

nance qu'à une authentique requalification du style et des comportements.

Un indice révélateur de cette situation d'impasse est la centralisation persistante du pouvoir décisionnel et le manque d'alternance dans le gouvernement des communautés et des Instituts.

Avec une parrhésie évangélique, nous devons prendre conscience de ce que, dans quelques congrégations féminines, on se heurte au phénomène de perpétuation des charges. Certaines personnes restent dans le gouvernement, bien qu'avec des fonctions différentes, pendant trop d'années. Il serait opportun de faire le nécessaire avec des dispositions générales appropriées, pour atténuer les effets à moyen et long terme de la pratique répandue de cooptation aux rôles de responsabilité de membres des précédents gouvernements généraux. En d'autres termes, des règles qui empêchent le maintien des charges au-delà des échéances canoniques, sans permettre de recourir à des formules qui, en réalité, contournent ce que les règles cherchent à éviter.

23. Un autre point que nous ne pouvons nous cacher est que, en ces décennies, la cléricalisation de la vie consacrée s'est intensifiée. Un des phénomènes les plus évidents en est la crise numérique des instituts religieux laïcs[24]. Un autre phénomène est celui des religieux prêtres presque exclusivement consacrés à la vie diocésaine et moins à la vie communautaire, qui en est affaiblie.

Reste ouverte la réflexion théologique et ecclésiologique sur la figure et la fonction du religieux-prêtre surtout quand il accepte un service pastoral.

En outre, il faudrait affronter le phénomène de religieux-prêtres accueillis bénévolement par l'évêque d'un diocèse sans le discernement adéquat et sans les nécessaires vérifications. À l'inverse, il faut également veiller sur la facilité de certains instituts religieux à accueillir sans discernement adéquat des clercs séminaristes sortis des séminaires diocésains ou d'autres instituts[25]. Ces trois points ne peuvent être en aucune manière négligés, entre autres pour éviter des problématiques plus graves pour les personnes et pour les communautés.

---

[24] Cf. CONGREGATION POUR LES INSTITUTS DE VIE CONSACREE ET LES SOCIETES DE VIE APOSTOLIQUE, *Identité et mission du frère religieux dans l'Église*, LEV, Cité du Vatican 2013.

[25] Cf. CONGREGATION POUR LE CLERGÉ, *Le don de la vocation presbytérale. Ratio fundamentalis institutionis sacerdotalis* (8 décembre 2016).

24. Obéissance et service de l'autorité demeurent des questions hautement sensibles, parce que les cultures et les modèles ont subi des transformations profondes, inédites et, par certains aspects, peut-être aussi déconcertantes au moins pour quelques-uns. Dans le contexte dans lequel nous vivons, la terminologie elle-même de *supérieurs* et de *sujets* n'est plus adéquate. Ce qui fonctionnait dans un contexte relationnel de type pyramidal et autoritaire n'est plus ni désirable ni vivable dans la sensibilité de communion de notre manière de nous sentir et de nous vouloir Église. Il faut garder à l'esprit le fait que l'obéissance véritable ne peut se passer de mettre à la première place l'obéissance à Dieu, de l'autorité comme de celui qui obéit, et ne peut non plus se passer de la référence à l'obéissance de Jésus, obéissance qui inclut son cri d'amour *Mon Dieu, mon Dieu, pourquoi m'as-tu abandonné?* (*Mt* 27,46) et le silence d'amour du Père.

Le pape François adresse une invitation pressante demandant à « toutes les communautés du monde un témoignage de communion fraternelle qui devienne attrayant et lumineux. Que tous puissent admirer comment vous prenez soin les uns des autres, comment vous vous encouragez mutuellement et comment vous vous accompagnez » [26].

Par conséquent, l'obéissance véritable n'exclut pas, au contraire elle requiert, que chacun manifeste sa conviction mûrie dans le discernement, y compris lorsque cette conviction ne coïncide pas avec ce qui est demandé par le supérieur. Après quoi, si au nom de la communion un frère ou une sœur, même lorsqu'il voit des choses meilleures, obéit spontanément de sa propre volonté, alors il met en pratique l'*obéissance caritative*[27].

L'impression diffuse est que, assez souvent, dans le rapport supérieur-sujet, il manque la base évangélique de la fraternité. On donne davantage d'importance à l'institution qu'aux personnes qui la composent. Parmi les motifs principaux des abandons, d'après l'expérience de notre Congrégation, on observe non sans raison : l'affaiblissement de la vision de foi, les conflits dans la vie fraternelle et la vie de fraternité faible en humanité.

En réalité, la manière de guider la communauté, de la part des supérieurs, est bien décrite par le *Code* comme la mise en œuvre de ce que dit *Perfectae caritatis* : « Les Supé-

---

[26] FRANÇOIS, Ex. ap. *Evangelii gaudium* (24 novembre 2013), 99.

[27] Cf. FRANÇOIS D'ASSISE, *Avis spirituels*, III.6.

rieurs exerceront dans un esprit de service
[…] ils gouvernent leurs sujets comme des
enfants de Dieu et, pour promouvoir leur
obéissance volontaire dans le respect de la
personne humaine […] ils chercheront à édi-
fier une communauté fraternelle dans le
Christ, en laquelle Dieu soit cherché et aimé
avant tout » [28].

25. Le rapport Supérieur-fondateur, dans
les nouvelles fondations, mérite un relief et
une considération particuliers. Tandis qu'il
faut remercier l'Esprit Saint pour tant de charismes qui rendent vivante la vie ecclésiale,
nous ne pouvons pas nous cacher notre per-
plexité devant des attitudes où l'on observe
souvent une conception étroite de l'obéissance qui peut devenir dangereuse. Dans de
tels cas, on n'encourage pas la collaboration
« avec une obéissance active et responsable » [29], mais la suggestion infantile et une
dépendance scrupuleuse. On peut ainsi
léser la dignité de la personne au point de
l'humilier.

---

[28] *CIC*, cc. 618-619; cf. CONCILE ŒCUMÉNIQUE VATI-
CAN II, Décret sur le renouveau de la vie religieuse *Perfectae caritatis*, 14.

[29] CONCILE ŒCUMÉNIQUE VATICAN II, Décret sur le renouveau de la vie religieuse *Perfectae caritatis*, 14.

Dans ces nouvelles expériences ou dans
d'autres contextes, la distinction entre for
externe et for interne [30] n'est pas toujours
correctement considérée ni adéquatement
respectée. La garantie sûre de cette distinction évite une ingérence indue qui peut en-
gendrer des situations de manque de liberté
intérieure, de soumission psychologique qui
pourraient donner lieu à un certain contrôle
des consciences. Il s'agit, dans ces cas comme
dans d'autres, de ne pas induire chez les
membres une dépendance excessive qui peut
revêtir des formes de suggestion à la limite de
la violence psychologique. Dans ce domaine,
il est en outre nécessaire de séparer la figure
du Supérieur de celle du fondateur.

26. D'une vie communautaire nivelée qui
ne laisse pas de place à l'originalité, à la
responsabilité et à des relations fraternelles
cordiales, découle un manque de partage
dans la vie réelle. La compromission de telles
relations est très évidente dans la manière
concrète de vivre la communion évangélique
des biens qui altère les rapports de fraternité.
Le pape François avertit: « La crise financière
que nous traversons nous fait oublier qu'à

---

[30] Le c. 630 accorde une attention particulière à cette
matière.

son origine il y a une profonde crise anthropologique : la négation du primat de l'être
humain ! »[31].

La vie consacrée a été capable, dans sa
longue histoire, de s'opposer prophétique-
ment chaque fois que le pouvoir économique
a risqué d'humilier les personnes et surtout
les plus pauvres. Dans la situation mondiale
actuelle de crise financière que nous rappelle
continuellement le pape François, les consacrés sont appelés à être vraiment fidèles et
créatifs pour ne pas manquer à la prophétie
de la vie commune à l'intérieur et de la solidarité à l'extérieur, en particulier envers les
pauvres et les plus fragiles.

Nous sommes passés d'une économie do-
mestique à des processus administratifs et de
gestion qui échappent quasiment à notre
contrôle, qui soulignent notre précarité et,
avant même, notre manque de préparation.
Nous ne pouvons pas tarder à nous recentrer
sur la transparence en matière économique
et financière comme premier pas pour nous
réapproprier le sens évangélique authentique
de la communion réelle des biens à l'intérieur des communautés et de leur partage
concret avec celui qui vit à côté de nous.

---

[31] FRANÇOIS, Ex. ap. *Evangelii gaudium* (24 novembre
2013), 55.

27. Dans les communautés, que la distribution des biens soit toujours faite dans le respect de la justice et de la coresponsabilité. Dans certains cas, on constate presque un régime qui trahit les fondements incontournables de la vie en fraternité, tandis que « l'autorité est appelée à promouvoir la dignité de la personne »[32]. On ne peut accepter un style de gestion où à l'autonomie économique de quelques-uns correspond la dépendance d'autres, minant ainsi le sentiment d'appartenance réciproque et la garantie d'équité même dans la reconnaissance de la diversité des rôles et des services.

La réglementation sur le style de vie des hommes et femmes célibataires consacrés ne dispense pas d'un discernement sérieux et circonspect sur la pauvreté de l'institut comme évaluation, action et témoignage spécifique dans l'Église et parmi le peuple de Dieu.

28. Les hommes et les femmes consacrés, enracinés dans la reconnaissance du primat de l'être par rapport à celui de l'avoir, de l'éthique par rapport à celui de l'économie,

---

[32] Congrégation pour les Instituts de vie consacrée et les Sociétés de vie apostolique, Instruction *Le service de l'autorité et l'obéissance. Faciem tuam, Domine, requiram* (11 mai 2008), 13c.

devraient assumer, comme âme de leur action, une éthique de la solidarité, du partage, évitant la gestion exclusive des ressources entre les mains d'un petit nombre.

Les gestions d'Institut ne sont pas en circuit fermé sinon elles n'expriment pas la marque de l'ecclésialité. Les biens des instituts sont des biens ecclésiaux et participent des mêmes finalités dans le mode évangélique de la promotion de la personne humaine, de la mission, du partage caritatif et solidaire avec le peuple de Dieu : en particulier, la sollicitude et le souci des pauvres, vécus comme un engagement commun, sont capables de donner une nouvelle vitalité à l'institut.

Cette solidarité, vécue certainement à l'intérieur de chaque institut et de chaque fraternité, doit être aussi étendue à d'autres instituts. Dans la *Lettre apostolique à tous les consacrés*, le pape François invite à la « communion entre les membres des divers instituts »[33]. Pourquoi ne pas aussi penser à une communion effective dans le domaine économique, particulièrement avec ces Instituts qui traversent des situations de nécessité, en mettant

---

[33] FRANÇOIS, *Lettre apostolique* à tous les consacrés à l'occasion de l'Année de la vie consacrée (21 novembre 2014), II, 3.

en commun ses ressources? [34]. Ce serait un beau témoignage de communion au sein de la vie consacrée, un signe prophétique dans notre société « dominée par une nouvelle tyrannie, parfois virtuelle, qui impose, de manière unilatérale et implacable, ses lois et ses règles » [35], la tyrannie du pouvoir et de l'avoir qui « ne connaît pas de limites » [36].

[34] Cf. CONGRÉGATION POUR LES INSTITUTS DE VIE CONSACRÉE ET LES SOCIÉTÉS DE VIE APOSTOLIQUE, Lettre circulaire *Lignes d'orientation pour la gestion des biens dans les Instituts de vie consacrée et les Sociétés de vie apostolique* (2 août 2014), 2.3.

[35] Cf. FRANÇOIS, Ex. ap. *Evangelii gaudium* (24 novembre 2013), 56.

[36] *Idem.*

III.

PRÉPARER DES OUTRES NEUVES

29. Jésus a souvent mis en garde ses disciples contre la tendance à rapporter le neuf de l'annonce évangélique aux vieilles habitudes, avec le risque de le réduire à un *ethos* de pure répétition. Avec la parabole du *vin nouveau*, qui doit être mis dans des *outres neuves*, nous sommes appelés à nous laisser guider par la logique des béatitudes. Le discours sur la montagne est la *magna charta* pour le chemin de tous les disciples : *Vous avez appris qu'il a été dit... Eh bien ! Moi je vous dis* (cf. *Mt* 5, 21.27.33.38.43). Si c'est la direction dans laquelle avancer, le Seigneur nous met pourtant en garde contre tout danger de régurgitation légaliste : *Méfiez-vous de...* (*Mc* 8, 15 ; *Mt* 16, 11 ; *Lc* 12, 15).

L'ensemble des paroles et des gestes de Jésus pousse continuellement à un processus d'ouverture infinie à la *nouveauté du Royaume*. Le premier pas de cette ouverture est le discernement et le refus de tout ce qui est en contradiction avec les valeurs substantielles de la fidélité à Dieu, qui se manifeste dans la disponibilité au service: *Parmi vous, il ne doit pas en être ainsi* (cf. *Mc* 10, 43). La vie de Jésus-Christ est l'histoire d'une *nouvelle pratique* dans laquelle s'enracine la *vie nouvelle* de ses disciples appelés à être sensibles aux nouvelles logiques et aux nouvelles priorités suggérées par l'Évangile.

Fidélité dans l'Esprit

30. L'analyse des défis encore ouverts, présentée dans la première partie de ces *Orientations*, doit nous conduire à ce seuil évangélique, prêts à reconnaître les points problématiques pour ouvrir de nouvelles pistes d'espérance pour tous. Nous pouvons par analogie appliquer ce que recommande le pape François: « La pastorale en termes missionnaires exige d'abandonner le confortable critère pastoral du "on a toujours fait ainsi". J'invite chacun à être audacieux et créatif dans ce devoir de repenser les objectifs, les structures, le style et les méthodes évangélisatrices de leurs propres communautés »[1].

Il s'agit donc de découvrir les nouveaux *parcours* vers l'authenticité du témoignage

---

[1] FRANÇOIS, Ex. ap. *Evangelii gaudium* (24 novembre 2013), 33.

évangélique et charismatique de la vie consacrée ; de discerner, puis de lancer les processus nécessaire de purification et de guérison des *ferments de la perversité et du vice* (cf. *1 Cor* 5, 8). Dans ce processus passionnant et exigeant, les inévitables tensions et souffrances peuvent être le signal d'une nouvelle gestation. En réalité, nous sommes déjà au seuil de nouvelles synthèses qui naîtront avec des *gémissements intérieurs* et *inexprimables* (cf. *Rm* 8, 23.26) et avec l'exercice patient de la fidélité créative [2].

31. Les sollicitations quotidiennes du pape François à la joie de l'Évangile et sans hypocrisie stimulent à une simplification qui retrouve la foi des simples et l'audace des saints. L'originalité évangélique (*Mc* 10, 43) dont la vie consacrée veut être la prophétie incarnée passe à travers des attitudes et des choix concrets : le primat du service (*Mc* 10, 43-45) et le chemin constant vers les pauvres et la solidarité avec les plus petits (*Lc* 9, 48), la promotion de la dignité de la personne quelle que soit la situation dans laquelle elle se retrouve à vivre et à souffrir

[2] Cf. JEAN-PAUL II, Ex. ap. post-synodale *Vita consecrata* (25 mars 1996), 37.

(*Mt* 25, 40) et la subsidiarité comme exercice
de confiance réciproque et de généreuse collaboration de tous et avec tous.

32. Pour être capable de répondre aux
appels de l'Esprit et aux provocations de l'histoire, il est bien de se souvenir que : « La vie
consacrée est placée *au cœur même* de l'Église
comme un élément décisif pour sa mission,
puisqu'elle "fait comprendre la nature intime
de la vocation chrétienne" et la "tension de
toute l'Église-Épouse vers l'union avec l'unique Époux" » [3]. C'est pourquoi, sa nature en
tant que signe, qui connote la vie consacrée
sur le chemin historique du peuple de Dieu,
la situe de manière privilégiée dans la ligne
de la prophétie évangélique. Cette ligne prophétique est le signe et le fruit de sa nature
charismatique qui la rend capable d'inventivité et d'originalité. Cela exige la disponibilité continuelle aux signaux qui viennent de
l'Esprit jusqu'à *écouter le vent* (cf. *1R* 19, 12).
Seule cette attitude permet de reconnaître les
chemins mystérieux de la grâce jusqu'à renaî-
tre à une nouvelle espérance dans la fécondité de la Parole (cf. *Jn* 4, 35).

[3] *Ibid.*, 3.

33. L'identité, dans toute sa portée, ne se
pose pas comme un donné immobile et théorique, mais comme un processus partagé de
croissance. Le fossé générationnel, l'inculturation, la multiculturalité et l'interculturalité,
qui caractérisent de plus en plus les instituts
de vie consacrée, peuvent devenir d'un lieu
de pénibilité celui du défi d'un véritable dialogue communautaire dans la cordialité et
dans la charité du Christ. Seulement ainsi,
chacun se sentira impliqué et responsable
dans le *projet communautaire* « de façon à devenir pour tous une aide réciproque pour que
chacun réalise sa propre vocation »[4].

Ces nécessités requièrent une modifica-
tion des structures, de sorte qu'elles soient
pour tous un soutien dans une confiance renouvelée qui relance une fidélité dynamique
et fraternelle.

Modèles de formation et formation des formateurs

34. Ces dernières années, le monde de la
formation a connu une transformation profonde des méthodes, langages, dynamiques,
valeurs, finalités et étapes. Le pape François
a répété : «Il faut toujours penser dans le

[4] *CIC*, c. 602.

peuple de Dieu, à l'intérieur [...] Nous ne devons pas former des administrateurs, des gestionnaires, mais des pères, des frères, des compagnons de marche »[5], et encore: « La formation est une œuvre artisanale, et non policière »[6].

L'adoption de leur propre *Ratio formationis*, a engagé une bonne partie des instituts à répondre aux nouvelles exigences. Cependant, on observe un décalage de langage, de qualité et de sagesse mystagogique. Si l'encre est encore fraîche, la révision de ces prescriptions, recopiées l'une de l'autre, s'impose cependant. Précisément parce que la question de la formation est un aspect fondamental pour l'avenir de la vie consacrée.

35. La *formation continue*, en particulier, nécessite un soin spécifique comme l'a souligné le pape dans son fameux dialogue avec les Supérieurs généraux.

a) La formation continue doit être orientée selon l'identité ecclésiale de la vie consacrée. Il ne s'agit pas seulement de se mettre à jour sur les nouvelles théologies, sur les nor-

---

[5] FRANÇOIS, *Réveillez le monde. Entretien du pape François avec les Supérieurs généraux*, in *La Civiltà Cattolica*, 165 (2014/I), 11.

[6] *Ibid.*, 10.

mes ecclésiales ou sur les nouvelles études relatives à l'histoire et au charisme de l'Institut. La tâche consiste à consolider, ou souvent aussi à retrouver sa place dans l'Église au service de l'humanité. Souvent, ce travail coïncide avec la classique *seconde conversion*, qui s'impose à des moments décisifs de la vie, comme l'âge du milieu de la vie, une situation de *crise* ou encore le retrait de la vie active, en raison de la maladie ou de la limite d'âge [7].

b) Nous sommes tous convaincus que la formation doit durer toute la vie. Néanmoins, nous devons admettre qu'il n'existe pas encore une culture de la formation continue. Cette carence est le fruit d'une mentalité partielle et réductrice quant à la formation continue, de sorte que la sensibilité pour son importance est faible et que l'implication des personnes est infime. Au niveau de la pratique pédagogique, nous n'avons pas encore trouvé d'itinéraires concrets, sur le plan individuel et communautaire, qui en fassent un réel chemin de croissance dans la fidélité créatrice avec des retombées appréciables et durables dans la vie concrète.

---

[7] Cf. JEAN-PAUL II, Ex. ap. post-synodale *Vita consecrata* (25 mars 1996), 70.

c) En particulier, on peine à accepter l'idée que la formation n'est vraiment continue que lorsqu'elle est ordinaire et qu'elle s'effectue dans la réalité de tous les jours. Il existe encore une interprétation faible ou sociologique de la formation continue, liée à un simple devoir de mise à jour ou à l'exigence éventuelle d'une reprise spirituelle et non d'une attitude continuelle d'écoute et de partage d'appels, de problématiques et d'horizons. Chacun est appelé à se laisser toucher, éduquer, provoquer, éclairer par la vie et par l'histoire, par ce qu'il annonce et célèbre, par les pauvres et par les exclus, par les proches et par ceux qui sont loin.

d) Il faut aussi clarifier le rôle de la formation initiale. Elle ne peut se contenter de former à la docilité et aux saines coutumes et traditions d'un groupe, mais elle doit rendre le jeune consacré réellement *docibilis*. Cela signifie former un cœur libre d'apprendre de l'histoire de chaque jour, pendant toute la vie, dans le style du Christ, pour se mettre au service de tous.

e) De manière spéciale et en référence à ce thème, une réflexion sur la dimension structurelle et institutionnelle de la formation permanente devient indispensable. De même qu'autrefois, après le Concile de

tures aident mais, seules, elles ne sui
pas »[8]. Les structures internationales ou in
provinciales finalisées à la formation des ca
didats comportent une introduction au rôle
de formateurs/formatrices qui soient réellement convaincus que « le christianisme n'a
pas un modèle culturel unique, mais "tout en
restant pleinement lui-même, dans l'absolue
fidélité à l'annonce évangélique et à la tradition ecclésiale, il revêtira aussi le visage des
innombrables cultures et des innombrables
peuples où il est accueilli et enraciné" »[9].
Ceci comporte la capacité et l'humilité de ne
pas imposer un système culturel mais de fé-
conder chaque culture avec la semence de
l'Évangile et de sa propre tradition charismatique en évitant soigneusement la « sacralisa-
tion vaniteuse de sa propre culture »[10].

La synergie de nouveaux savoirs et compétences peut être utile à un accompagnement
de formation dans un contexte multiculturel
particulier, pour dépasser des formes d'assi-
milation et d'homologation qui, à la longue,
réémergent – pendant l'itinéraire de forma-

---

[8] BENOÎT XVI, Lett. enc. *Spe salvi* (30 novembre 2007), 25.

[9] FRANÇOIS, Ex. ap. *Evangelii gaudium* (24 novembre 2013), 116.

[10] *Ibid.*, 117.

tion et ailleurs – déclenchant des problématiques qui ont une incidence négative sur le sentiment d'appartenance à l'institut et sur la persévérance dans la vocation à la *sequela Christi*.

Vers des relations évangéliques

Réciprocité et processus multiculturels

38. Réfléchir sur la vie consacrée féminine signifie s'interroger concrètement tant sur les institutions que sur les femmes consacrées en tant qu'individus et que communautés, en tenant compte de la complexité de notre temps. Il faut prendre acte que, ces dernières années, en particulier depuis *Mulieris dignitatem* (1988), le Magistère a sollicité et accompagné une vision respectueuse des processus culturels et ecclésiaux sur l'identité féminine qui a des répercussions, de manière évidente (ou parfois latente), dans le vécu des instituts.

En particulier, les diversités culturelles obligent à un double cheminement d'enracinement dans l'appartenance à une culture propre spécifique et la capacité d'en transcender les limites dans un souffle évangélique toujours plus ample. Avec la profession religieuse, le consacré choisit de vivre une médiation entre son inscription culturelle spécifique et son aspiration à une vie évangélique qui, nécessairement, élargit ses horizons et approfondit sa sensibilité. Il devient urgent d'explorer cette fonction de médiation sans qu'elle soit soumise aux particularismes de la diversité culturelle.

Dans cette perspective, apparaît comme évidente la nécessité d'une reconsidération de la théologie de la vie consacrée dans ses éléments constitutifs, en accueillant les demandes émergentes du monde féminin et en les raccordant au monde masculin. L'accent sur le spécifique ne doit pas supprimer l'appartenance à une commune humanité. Il devient donc important de se réapproprier des approches interdisciplinaires, non seulement dans le domaine théologique mais aussi dans celui des sciences humaines dans leurs multiples articulations.

39. D'une manière particulière, une attention urgente et spéciale doit se porter sur la récente internationalisation précipitée, surtout dans les instituts féminins, avec des solutions souvent improvisées et sans une prudente gradualité. Il faut prendre acte du fait que la dilatation géographique n'a pas été accompagnée par une révision adéquate des styles et des structures, des schémas mentaux et des connaissances culturelles qui permettent une réelle inculturation et intégration. En particulier, ce manque de renouvellement concerne la valorisation de la façon de se sentir femme dans l'Église et dans la société, comme l'indique aussi le Magistère pontifical. Le manque de prise de conscience ou, pire, le rejet de la question féminine entraîne une retombée négative avec de graves dommages pour les nouvelles générations de femmes. En effet, de nombreuses femmes, s'en remettant à l'institut pour être introduites et formées à la *sequela Christi,* se retrouvent obligées d'assumer des modèles de comportement devenus obsolètes surtout en ce qui concerne des rôles qui ont plus un goût de « servitude » que de service dans la liberté évangélique.

40. Les processus d'internationalisation devraient engager tous les instituts (masculins et féminins) à devenir des laboratoires d'hospitalité solidaire où sensibilités et cultures différentes peuvent acquérir une force et des significations non connues ailleurs et donc hautement prophétiques. Cette hospitalité solidaire se construit avec un vrai dialogue entre les cultures pour que tous puissent se convertir à l'Évangile sans renoncer à leur propre particularité. L'objectif de la vie consacrée ne sera pas de se maintenir comme un état permanent dans les cultures diverses qu'elle rencontrera, mais de maintenir permanente la conversion évangélique au cœur de la construction progressive d'une réalité humaine interculturelle.

Parfois, une vision anthropologique et spirituelle faible et non acculturée de l'identité féminine risque d'éteindre ou de blesser la vitalité des *sodales* présents dans les instituts de vie consacrée. Il y a encore beaucoup à faire pour encourager des modèles communautaires convenant à l'identité féminine des consacrées. À ce propos, il faut renforcer les structures relationnelles de confrontation et de « sororité » entre les supérieures et les sœurs. Aucune sœur ne doit être reléguée dans un état de sujétion, ce qui, hélas, se rencontre fréquemment. Cet état favorise des infantilismes dangereux et pourrait empêcher la maturation globale de la personne.

Que l'on veille à ce que l'écart entre les consacrées dont le service est l'autorité (aux différents niveaux) ou qui ont la charge de l'administration des biens (aux différents niveaux) et les sœurs qui dépendent d'elles ne devienne pas source de souffrance en raison de la disparité et de l'autoritarisme. Cela se produit lorsque les premières développent une maturité et une vision, tandis que les autres sont appauvries même des formes les plus élémentaires de décision et de développement des ressources personnelles et communautaires.

Service de l'autorité: modèles relationnels

41. Dans la vision plus ample de la vie consacrée élaborée depuis le Concile, on est passé de la centralité du rôle de l'autorité à la centralité de la dynamique de la fraternité. C'est pourquoi l'autorité ne peut qu'être au service de la communion: un vrai ministère pour accompagner les frères et les sœurs vers une fidélité consciente et responsable.

En effet, la confrontation entre frères ou sœurs et l'écoute des personnes individuelles deviennent un lieu incontournable pour un service de l'autorité qui soit évangélique. Le recours à des techniques managériales ou à l'application spiritualisante et paternaliste de modalités considérées comme l'expression de la «volonté de Dieu», sont réducteurs par rapport à un ministère appelé à se confronter aux attentes d'autrui, à la réalité quotidienne et aux valeurs vécues et partagées en communauté.

42. Dans le rapport Supérieur/sujet, le défi est celui d'un partage responsable d'un projet commun, dépassant la simple exécution d'obéissances qui ne servent pas l'Évangile mais uniquement la nécessité de maintenir la situation en cours ou de répondre aux urgences de gestion en particulier économique.

Dans cette perspective, la requête que reçoit ce Dicastère à l'occasion de l'approbation de Constitutions (réécriture et/ou amendements) peut être examinée, afin que l'on procède à une reformulation de la terminologie juridique en vigueur, quant aux termes de supérieur et sujet. C'est ce que le décret conciliaire *Perfectae caritatis* avait explicitement invité à faire lorsqu'il disait: «L'organisation de la vie, de la prière et de l'activité doit être convenablement adaptée aux conditions physiques et psychiques actuelles des religieux et aussi, dans la mesure où le requiert le caractère de chaque institut, aux besoins de l'apostolat, aux exigences de la culture, aux conditions sociales et économiques»[11].

43. Il faut donc encourager un service de l'autorité qui appelle à une collaboration et à une vision commune dans le style de la frater-

---

[11] Concile Œcuménique Vatican II, Décret sur le renouveau de la vie religieuse *Perfectae caritatis*, 3.

nité. Le Dicastère, en phase avec le chemin conciliaire, a émis en son temps l'Instruction *Le service de l'autorité et l'obéissance. Faciem tuam, Domine, requiram,* reconnaissant que « ce thème exige un effort particulier de réflexion surtout en raison des changements survenus ces dernières années au sein des instituts et des communautés et aussi à la lumière des propositions contenues dans les plus récents documents magistériels sur le renouveau de la vie consacrée » [12].

En effet, on ne peut pas ne pas être préoccupé – plus de cinquante ans après la clôture du Concile – par la permanence de styles et de pratiques de gouvernement qui s'éloignent de l'esprit de service, ou le contredisent, au point de dégénérer en formes d'autoritarisme.

44. La légitime prérogative d'une autorité personnelle des supérieurs et des supérieures [13] est, dans certains cas, interprétée comme une autorité privée à la limite d'un rôle mal compris, comme avertit le pape François:

---

[12] Congrégation pour les Instituts de vie consacrée et les Sociétés de vie apostolique, Instruction *Le service de l'autorité et l'obéissance. Faciem tuam, Domine, requiram* (11 mai 2008), 3.

[13] Cf. *CIC,* c. 618.

« Pensons aux dommages que causent au peuple de Dieu les hommes et les femmes d'Église qui sont carriéristes, arrivistes, qui utilisent le peuple, l'Église, leurs frères et sœurs – ceux qu'ils devraient servir – comme un tremplin pour leurs propres intérêts et leurs ambitions personnelles. Mais ceux-ci font beaucoup de tort à l'Église »[14]. De plus, celui qui exerce le service de l'autorité doit se garder « de céder à la tentation de l'autosuffisance personnelle, à savoir de croire que tout dépend de lui ou d'elle »[15].

45. Une autorité autoréférentielle se soustrait à la logique évangélique d'une responsabilité parmi les frères et les sœurs, minant en eux les certitudes de la foi qui doivent les guider[16]. S'ouvre ainsi un cercle vicieux qui compromet la vision de foi, présupposé sans équivoque à la reconnaissance du rôle des supérieurs. Cette reconnaissance ne se limite

[14] FRANÇOIS, *Discours aux participants à l'Assemblée plénière de l'Union internationale des Supérieures générales* (Rome, 8 mai 2013), 2.

[15] CONGRÉGATION POUR LES INSTITUTS DE VIE CONSACRÉE ET LES SOCIÉTÉS DE VIE APOSTOLIQUE, Instruction *Le service de l'autorité et l'obéissance. Faciem tuam, Domine, requiram* (11 mai 2008), 25a.

[16] Cf. PAUL VI, Ex. ap. *Evangelica testificatio* (29 juin 1971), 25.

pas à prendre acte de la personnalité du ou de la titulaire de service, mais va bien au-delà. Il s'agit d'avoir confiance et de se faire mutuellement confiance et en vérité.

Dans les situations de conflits et de contentieux aussi, le recours à des formes d'autoritarisme déclenche une spirale d'incompréhensions et de déchirures qui, bien au-delà des cas concrets, alimente dans l'institut désorientation et méfiance ou encore de lourdes hypothèques sur l'avenir proche de l'institut. Celui qui est appelé à un service de l'autorité – dans n'importe quelle situation – ne peut manquer au sens de la responsabilité qui comporte, avant tout, un sens équilibré de ses propres responsabilités à l'égard de ses frères et sœurs. « Tout cela est rendu possible à partir de la confiance dans la responsabilité des frères, "suscitant leur obéissance volontaire dans le respect de la personne humaine", et à travers le dialogue en se souvenant que l'adhésion doit être assumée "en esprit de foi et d'amour à la suite du Christ obéissant" et non pour d'autres motifs » [17].

[17] Congrégation pour les Instituts de vie consacrée et les Sociétés de vie apostolique, Instruction *Le service de l'autorité et l'obéissance. Faciem tuam, Domine, requiram* (11 mai 2008), 14b.

46. « Que les Supérieurs constitués pour un temps défini ne demeurent pas trop longtemps, sans interruption, dans des offices de gouvernement » [18]. La norme du Code est encore en phase de réception ; il y a des variables, importantes aussi, dans la pratique des instituts. Les motivations habituellement adoptées pour proroger le mandat – outre les termes prévus par le Droit propre – répondent à des situations d'urgence ou de carence de ressources, avec une référence spécifique aux communautés locales. L'influence des traditions propres à un institut a contribué à stabiliser une certaine mentalité qui, de fait, fait obstacle à la rotation. On finit ainsi par transformer un rôle de service en une rente de situation. Dans cette perspective, les règles déterminées par le Droit propre, si elles sont inadéquates, doivent être revues ; si elles sont claires dans la direction qu'elles donnent, elles doivent être respectées.

Un examen attentif du ralentissement dans le remplacement des Supérieur (e)s semble indiquer davantage la préoccupation d'assurer une continuité de la gestion des œuvres et moins d'attention aux exigences de l'animation religieuse et apostolique des commu-

[18] *CIC*, c. 624 § 2.

nautés. En outre, dans un cadre d'évaluation des communautés, la présence de frères et sœurs des dernières générations pose les conditions d'un changement générationnel. Le retard dans la rotation pourrait être compris comme un manque de confiance dans leurs capacités et possibilités au point de créer un vide qui risque de se révéler, par la suite, impossible à combler.

17. Nous devons tous nous souvenir de ce qu'a dit le pape François à ce sujet: « Et dans la vie consacrée aussi on vit la rencontre entre les jeunes et les personnes âgées, entre observance et prophétie. Ne les voyons pas comme deux réalités opposées! Cela fait du bien aux personnes âgées de communiquer la sagesse aux jeunes: et cela fait du bien aux jeunes de recueillir ce patrimoine d'expérience et de sagesse, et de le porter de l'avant, non pour le conserver dans un musée, mais pour le porter de l'avant en affrontant les défis que la vie nous présente, le porter de l'avant pour le bien des familles religieuses respectives et de toute l'Église » [19].

[19] FRANÇOIS, *Homélie* de la Fête de la Présentation du Seigneur pour la XVIIIème Journée mondiale de la vie consacrée, Rome (2 février 2014).

48. Dans ce travail continuel de discernement et de renouvellement, les « Chapitres généraux ou particuliers (ou les réunions analogues) revêtent une importance spéciale; dans de tels cadres, chaque institut est appelé à élire les Supérieurs ou les Supérieures, suivant les normes fixées par les Constitutions, et à discerner, à la lumière de l'Esprit, les modalités qui conviennent pour conserver et actualiser, dans les différentes situations historiques et culturelles, son charisme et son patrimoine spirituel propres » [20]. En outre, le Chapitre « doit être composé de telle sorte que, représentant l'institut tout entier, il soit un vrai signe de son unité dans la charité » [21].

La réflexion sur la représentation capitulaire part de son horizon le plus authentique: l'unité dans la charité. Les règles et les procédures pour élire les sœurs et les frères aux Chapitres – en particulier au niveau général – ne peuvent pas ne pas prendre en compte le nouveau cadre culturel et générationnel qui compose aujourd'hui le visage de nombreux

---

[20] JEAN-PAUL II, Ex. ap. post-synodale *Vita consecrata* (25 mars 1996), 42.
[21] *CIC*, c. 631 § 1.

instituts de vie consacrée et sociétés de vie apostolique. La dimension multiculturelle doit s'exprimer de manière juste et équilibrée dans la composition capitulaire.

49. Le problème devient évident lorsque les règles et les procédures se révèlent inadéquates ou obsolètes, résultant dans un déséquilibre représentatif avec le risque d'exposer la composition capitulaire à des hégémonies culturelles impropres ou à des cadres générationnels restreints. Pour éviter ces distorsions, il est nécessaire d'engager progressivement la représentation de sœurs-frères appartenant à des zones culturelles différentes. Il s'agit de faire confiance à ceux qui, considérés dans nos milieux comme trop jeunes, auraient dans d'autres cadres – civils et culturels – les capacités requises pour exercer des responsabilités importantes en raison de leurs compétences. Les procédures devraient gagner en souplesse pour garantir une représentation plus ample et prévoyante afin de garantir la construction d'un avenir souhaitable et vivable.

Ce qui est en jeu, ce n'est pas seulement la correction des procédures et la docilité intelligente aux choix de méthode, mais il s'agit de « faire la lumière autant que possible sur la volonté du Christ pour le chemin de la communauté » – écrit la *Règle de Taizé* – dans un esprit de recherche purifié par le seul désir de discerner le dessein de Dieu.

50. La volonté de chaque membre du Chapitre, ouverte à l'Esprit, doit accompagner toutes les décisions au sein de l'assemblée ; elle ne dédaigne pas l'échange de contributions et de points de vue qui, bien que différents, concourent à la recherche de la vérité. De cette façon, la tension vers l'unanimité et la possibilité de l'atteindre ne sont pas des buts utopiques mais au contraire expriment le fruit le plus clair de l'écoute et de la disponibilité commune à l'Esprit.

Il ne serait pas prudent de reléguer le discernement à l'intérieur des horizons privés des membres du Chapitre, comme si celui-ci était une entreprise de solitaires. Il s'agit de « prendre contact avec le passage de l'Esprit » et cela signifie « écouter ce que Dieu est en train de nous dire à l'intérieur de nos situations » d'institut. Le discernement « ne s'arrête pas à la description des situations, des problématiques [...] va toujours au-delà et réussit à voir derrière chaque visage, chaque histoire, chaque situation, une opportunité, une possibilité » [22]. Le Chapitre général, il est bon de ne pas l'oublier, est le lieu de l'obéissance personnelle et unanime à l'Esprit Saint; cette écoute docile s'invoque en pliant l'intelligence, le cœur et les genoux dans la prière. Dans une telle conversion, chaque membre du Chapitre, au moment de la décision, agit en conscience et juge, à la lumière reçue de l'Esprit Saint, le bien de l'institut dans l'Église. Une telle attitude d'obéissance priante lie comme une constante l'histoire des Chapitres généraux qui, non sans raison, commençaient le jour de la Pentecôte.

51. L'événement capitulaire comporte, en outre, l'élection du Supérieur ou de la Supérieure général(e). Ces dernières années, une certaine tendance au recours à la postulation a été constatée. Cette institution est réglée par les canons 180-183 du *Code de Droit canonique.* On s'oriente vers celle-ci dans les cas où quelque empêchement fait obstacle à l'élection canonique de la même personne ou dans les cas de dérogation des conditions requises personnelles inhérentes au rôle, dé-

---

[22] FRANÇOIS, *Discours* à l'occasion du *Congrès ecclésial du diocèse de Rome* (16 juin 2016).

terminées dans le droit universel ou propre, comme par exemple: l'âge, les années de profession [23], ou de relative incompatibilité de rôle [24]. Le cas le plus fréquent est l'empêchement d'une nouvelle élection (ou une reconfirmation) du Supérieur général ou de la Supérieure générale après l'accomplissement de la durée des mandats prévus par les Constitutions. Le cas d'espèce évoqué présente des connotations de complexité de contexte (instituts), situations personnelles (les candidats ayant déjà un rôle) et notamment les contingences qui orientent vers la demande de postulation au Dicastère compétent. Quelques indications doivent être soulignées.

Ce n'est pas la meilleure prémisse d'un discernement électif que de considérer comme acquise la postulation comme si, a priori, les alternatives possibles étaient exclues. La majorité requise est d' «au moins les deux tiers des votes» [25]. Cette disposition canonique veut encourager l'engagement à discerner auparavant l'opportunité de recourir à la postulation. La coresponsabilité exercée de manière collégiale comporte aussi la responsabilité d'explorer des solutions alternatives.

[23] Cf. *CIC*, c. 623.
[24] Cf. *CIC*, c. 152.
[25] Cf. *CIC*, c. 181 § 1.

La pratique dans quelques instituts a introduit la modalité de consultations informelles préliminaires. L'orientation suggérée devrait éviter la formation de majorités préconstruites. Autrement, le pas vers une postulation escomptée est court.

52. Les Chapitres généraux élisent d'ordinaire, outre le Modérateur suprême[26], le Conseil qui est l'organe de collaboration au gouvernement de l'institut. À chaque conseiller est « demandée une participation convaincue et personnelle à la vie et à la mission »[27] de l'institut, « participation qui permet l'exercice du dialogue et du discernement »[28], dans un esprit de sincérité[29] et de loyauté, « de façon à ce que le Seigneur qui illumine et qui guide soit constamment présent »[30].

[26] Cf. *CIC*, c. 625 § 1.

[27] CONGRÉGATION POUR LES INSTITUTS DE VIE CONSACRÉE ET LES SOCIÉTÉS DE VIE APOSTOLIQUE, Instruction *Repartir du Christ. Un engagement renouvelé de la vie consacrée au troisième millénaire* (19 mai 2002), 14.

[28] *Idem.*

[29] Cf. *CIC*, c. 127 § 3.

[30] CONGRÉGATION POUR LES INSTITUTS DE VIE CONSACRÉE ET LES SOCIÉTÉS DE VIE APOSTOLIQUE, Instruction *Repartir du Christ. Un engagement renouvelé de la vie consacrée au troisième millénaire* (19 mai 2002), 14.

Les inévitables malaises et incompréhensions, s'ils ne sont pas affrontés à temps, peuvent compromettre la volonté d'entente et la capacité de convergence à l'intérieur du Conseil. Un organisme de collaboration au gouvernement, en veillant au bien commun de l'institut, assume l'engagement de veiller à son propre fonctionnement, sans négliger les moyens d'accompagnement (spirituels, professionnels et de formation spécifique) qui fournissent les prémisses d'un discernement éclairé. En effet, le Conseil ne doit pas, en premier lieu, s'occuper de son image mais surtout se préoccuper de sa crédibilité en tant qu'organe de collaboration au gouvernement de l'institut.

53. La nouvelle géographie de la présence de la vie consacrée dans l'Église est en train de redessiner de nouveaux équilibres culturels dans la vie et dans le gouvernement des instituts [31]. La composition internationale du Chapitre exprime habituellement aussi une configuration multiculturelle du Conseil. L'expérience de nombreux instituts de vie consacrée et sociétés de vie apostolique a déjà mûri une longue tradition à ce propos.

[31] Cf. *Ibid.*, 17.

Les instituts plus récents sont en phase d'apprentissage pour arriver à exprimer «dans l'unité catholique les attentes des divers peuples et des diverses cultures»[32]. Il s'agit d'un chemin exigeant qui «nécessite purification et maturation»[33].

Les récents processus d'internationalisation sont des laboratoires ouverts à un avenir qui ne s'improvise pas en ce qui est de la formation à des rôles de responsabilité et, en particulier, pour assumer le rôle de Conseiller. Le renouvellement générationnel et culturel ne devrait pas prêter le flanc à des situations qui peuvent compromettre les dynamiques internes au discernement du Conseil et, indirectement, du bon gouvernement de l'institut.

Donnons quelques exemples de situations problématiques: sujets idoines, mais pas encore suffisamment préparés ou prématurément candidats; religieux cooptés plus pour des logiques de répartition culturelle que pour la valorisation de leur expérience et/ou leur compétence personnelle; et notamment les choix obligés en l'absence d'alternatives.

[32] Jean-Paul II, Ex. ap. post-synodale *Vita consecrata* (25 mars 1996), 47.

[33] François, Ex. ap. *Evangelii gaudium* (24 novembre 2013), 69.

54. L'insertion de frères/sœurs d'autres cultures et générations ne change certes pas le rôle traditionnel du Conseil, mais cela influe sur la perception du rôle et sur la modalité de son interaction à l'intérieur et en dehors du Conseil. L'apport d'autres points de vue (analyse/évaluation des problèmes) élargit l'horizon de compréhension des réalités de l'institut: plus à partir des périphéries que du centre. Cultures et renouvellement générationnel – conjugaison déjà en soi complexe – devraient favoriser un nouvel élan pour aborder un avenir durable dans l'institut.

L'initiation à un rôle de responsabilité s'inscrit dans l'expérience. Si l'expérience est un processus quotidien d'apprentissage, l'apprentissage doit être soutenu par une formation spécifique. Dans le cas contraire, l'expérience n'est pas pleinement valorisée en vue de l'efficacité du rôle lui-même et de son intégration dans les dynamiques du Conseil. Il s'agit, dans ce cas, de redécouvrir ou de repenser des orientations mûries dans la tradition de gouvernement des instituts de vie consacrée et des sociétés de vie apostolique qui, en investissant dans le présent, préparait l'avenir, non sans la nécessaire vérification dans le temps. L'avenir proche ne peut res-

treindre l'horizon : les nouveaux professiona-
lismes (savoirs et compétences) peuvent ap-
porter des contributions pour élargir nos horizons, mais surtout pour ne pas rester aux
marges du futur, prisonniers de vues courtes
qui, à la longue, immobilisent le chemin
d'ensemble.

CONCLUSION

55. Dans la vigne du Seigneur, en ces décennies de mise à jour conciliaire, les hommes et les femmes consacrés ont travaillé avec un engagement généreux et avec audace. C'est maintenant le temps de la vendange et du *vin nouveau*, à presser avec joie à partir des raisins et à recueillir avec diligence dans des *outres* adaptées, jusqu'à ce que le bouillonnement typique des temps de maturation sédimente et laisse la place à une nouvelle stabilité. Le *vin nouveau* et les *outres neuves* sont ensemble à notre disposition, réalisés avec notre collaboration selon les charismes et les circonstances ecclésiales et sociales, sous la conduite de l'Esprit et des responsables de l'Église. Le temps est venu de garder la nouveauté dans la créativité, pour qu'elle conserve le goût véritable de la fécondité bénie par Dieu.

Le *vin nouveau* exige la capacité d'aller au-delà des modèles hérités, pour apprécier les nouveautés suscitées par l'Esprit, les accueillir avec gratitude et les garder jusqu'à la pleine fermentation au-delà de leur caractère provisoire. Le *vêtement nouveau* dont parle Jésus dans la même page de l'Évangile a été confectionné à travers les diverses phases de mise à jour et c'est l'heure de le porter avec joie, parmi le peuple des croyants.

56. *Vin nouveau, outres neuves* et *vêtement nouveau* indiquent une saison de maturité et d'accomplissement qui ne peut être mise en péril par des rapprochements imprudents ou des compromis tactiques: le *vieux* et le *nouveau* ne doivent pas être mélangés parce que chacun appartient à une saison qui lui est propre, est le fruit de temps et d'un art différents et doit être conservé dans sa pureté.

Que le Maître de la vigne, qui a rendu féconde l'œuvre de nos mains et guidé les chemins de l'*aggiornamento,* concède de savoir garder avec les moyens adéquats et une patiente vigilance la nouveauté qui nous a été confiée, sans crainte et avec un élan évangélique renouvelé.

57. Sainte Marie, *Femme du vin nouveau,* garde en nous le désir d'avancer dans l'obéissance à la nouveauté de l'Esprit, en reconnaissant le signe de Sa présence dans le *vin nouveau,* fruit de vendanges et de nouvelles saisons.

Rends-nous dociles à sa grâce et actifs à préparer des *outres* qui puissent contenir et non disperser le jus bouillonnant de la vigne. Rends nos pas fermes dans le mystère de la croix que l'Esprit demande pour toute création nouvelle.

Enseigne-nous à faire ce que le Christ, ton Fils, nous dira (cf. *Jn* 2,5) pour nous asseoir chaque jour à sa table: c'est Lui le *vin nouveau* par lequel nous rendons grâce, nous recevons et donnons la bénédiction.

Nourris en nous l'espérance, dans l'attente du jour où nous boirons le fruit nouveau de la vigne avec le Christ, dans le Royaume du Père (cf. *Mt* 26,29).

Le Saint-Père a approuvé la publication
des présentes Orientations
au cours de l'audience du 3 janvier 2017

Cité du Vatican, 6 janvier 2017
Épiphanie du Seigneur

João Braz Card. de Aviz
Préfet

✠ José Rodríguez Carballo, O.F.M.
Archevêque Secrétaire

SOMMAIRE

www.ingramcontent.com/pod-product-compliance
Lightning Source LLC
Chambersburg PA
CBHW022205150726

47992CB00002B/960